国語が変わる

答えは「探す」から「創る」へ
わが子の学力を伸ばす方法

出口汪

水王舎

はじめに

新しい時代には、新しい教育が必要です。

私たちの子どもは、これから誰も経験したことのない新しい時代を生きていかなければなりません。

環境問題、原子力発電とエネルギー問題、安保法制化と民主主義の危機、国際的なテロ、金融恐慌、少子高齢社会、国家財政の破綻、反知性主義と政治の貧困、道徳心の欠如と精神の荒廃、格差社会、ネットによる情報社会の到来、グローバル化など、私たちが直面している新たな問題は枚挙に暇がありません。

そして、子どもが社会に出て行く十年後、十五年後は、さらに激変した社会となっていることでしょう。

当然、社会が要求する学力も今までとは異なってきます。子どもが新しい時代を生き抜くためには、従来と異なるスキルを身につけなければなりません。

そのためには、教育は抜本的に変わっていく必要があります。

細かい知識はスマートフォンなどで検索すればすむことなのですから、記憶する必要などどこにもないのです。計算はコンピュータの仕事です。日常ではおつりの計算さえできれば不自由はありません。漢字はワープロが自動変換してくれます。

ところが、日本の教育はいまだに詰め込み式のままです。進学塾の多くは相変わらず、英文解釈と文法、細かい知識の詰め込みと正確で速い計算力を習得させようと躍起になっています。

古い教育と古いルールで成功した人たちは、自分たちの方法に固守し、それを子どもに押しつけようとするから、教育はいつまでたっても変わらないのです。

それどころか、社会で不必要とされる学力を強要することによって、子どもの人間性まで阻害していきます。

実は、文部科学省（以下、文科省）は随分前からそれに気づき、日本の教育を抜本から変えようと試行錯誤を繰り返して来ました。ゆとり教育がそれで、「生きる力」「総合学習」など、従来の詰め込み教育から大きく方向性を変えようとしたのです。ただし、ゆとり教育には根本的な欠陥がありました。学習内容を個々の情報としてしか捉えていなかったため、情報を減らしさえすればゆとりが生まれると思い違いをしたのです。

教育を変えるためには、学力観そのものを抜本的に見直すところまで踏み込む必要があったのです。

さらに文科省は国の教育方針を決定しましたが、それを具体的にどう実行に移すかは教科書会社や教育現場に任せるしかありません。当然、現場は混乱し、やがて学力低下のバッシングを受けることになったのです。

旧態依然とした実社会のほうが、改革を受け入れる準備ができていなかったと言えるでしょう。

今、文科省は教育改革に本腰を入れました。それに時代が後押しをし出したのです。細かい知識の詰め込みと正確で速い計算力がすでにコンピュータの仕事となった今、企業が求める学力は問題発見能力、解決能力、客観的な情報分析能力と論理的思考力、そして、コミュニケーション能力へと変わりました。

現行の学習指導要領でもすでに、「生きるための力」を学習の目的と明記し、その上で「自分で考え、判断し、表現する能力」、つまり「問題発見・解決能力」を必要な学力と捉えています。実は、これらはすでに欧米でクリティカル・シンキングとして施行されているものなのです。

そのために、二〇二〇年度から施行される「大学入学希望者評価テスト」(仮称)では、「思考力・判断力・表現力」を測るものとしています。

次期学習指導要領の基本的な枠組みではさらに踏み込み、国語については「言語を手がかりとしながら、限られた情報のもとで物事を筋道を立てて考え、的確に判断し、相手を想定して表現するなど、思考力・判断力・表現力を構成する諸能力に関する判定機能を強化する」とし、出題のあり方も「問題に取り組むプロセスにも解答者の判断を要する部分が含まれている問題」「記述式の問題の導入」「多数の正解のあり得る問題」などの導入を目指すとされています。

まさに論理的な読解力・表現力とクリティカルな思考が問われているのです。


こうした文科省の方針に対して、私は異を唱えるものではありません。それどころか、むしろ心からエールを送るものです。

しかし、その上で大いなる危惧を表明せざるを得ません。なぜなら、おそらくこの改革は今後大きな混乱を招くだろうと確信しているからです。

それは何も「新テスト」の実施時期であるとか、複数解のある問題を作成する困難さ、記述式問題の採点など、教育関係者から盛んに指摘されている制度上の問題ではなく、もっと根本的なところに根ざした原因からなのです。

一つは抵抗勢力の存在です。ルールを変えるということは、古いルールで成功している教育産業にとって致命的な損失をもたらす可能性があります。当然、彼らはこの改革を全力で潰そうとしてくるでしょう。反対する理由など、いくらでも数え上げることができるのです。

しかし、欧米に比べて、日本の教育はただでさえ大きく遅れてしまっているので、この改革が頓挫すると、子どもの将来や国家にとって取り返しのつかない事態に陥ります。

抵抗する勢力があるのは、すでに織り込み済みのはずです。文科省がそれらに屈しないで、改革に邁進していくことを心から願っています。

もう一つの理由は、日本の教育にクリティカル・シンキングを導入することの困難さです。

クリティカル・シンキングとは、一つの問題に対して、主観を排して、様々な角度から分析し、複数の可能性の中から相対的に適切なものを選び出す能力です（クリティカル・シンキングは本書で詳細に説明することにします）。

欧米でそれが可能だったのは、彼らがその歴史的・文化的背景として、子どもの頃からすでに論理を修得していたからなのです。それに対して、日本人は物事を明確に示さず、何事も察する風土・文化の中で生まれ、育っています。

論理を習得せずに、いきなりクリティカル・シンキングを習得することなど、不可能に近いと言ってもいいでしょう。しかも、論理の大切さは誰もが指摘してきたことですが、それを教育現場で確実に成果を上げた例はほとんどないのです（だから、私が制作した「論理エンジン」という言語プログラムが現在多くの公教育で受け入れられているのですが）。

クリティカル・シンキングは論理力を獲得した後に、初めて可能になるものです。足下を固めずに、クリティカルな教育を導入したところで、結局は現場が混乱するだけなのです。

例を挙げましょう。

現行の小学校の国語教科書は、かつての読解中心のものとは異なり、話し合いをさせたり、調べて発表させたりと、文科省の方針を受けて、かなり工夫されたものとなっています。

それ自体は評価すべきものかもしれませんが、では、今の教科書で新しい学力が身につくかと言えば、やはり疑問を持たざるを得ません。

なぜなら、教科書会社もクリティカルな思考をどのような方法で身につけさせるのかが分からず、ただ課題文を読ませた後、「感想を話し合いましょう」「意見を発表しましょう」といった設問を追記しているだけだからです。

文章をどのように読み、それをどのように整理し、まとめるのか、自分の意見や感想を他者に向けていかに論理的に表現するのか、それらはすべて言語技術の問題であり、訓練によって習得すべきものなのです。欧米のように、そうした技術を習得する習慣もなしに、ただ闇雲に意見や感想を述べさせたところで、子どもの学力が伸びるわけではありませんから、それでは教育とは到底言えないのです。

教育現場の混乱は直接子どもの将来に関わってきます。今の幼児や小・中学生は新しい教育、新しい入試制度のもとに、新しい時代を生きていくのですから、私たちは自分たち自身で防衛策を講じなければいけません。

そこで、本書では、小・中・高校と、十二年間にわたって、いかに一貫した方法で

論理を習得し、その上でクリティカルな思考を身につけていくのか、その具体的な方法を提示していきます。そこで、

・教育関係者
・幼児や小・中学生の保護者
・教育に関心のあるすべての人

に本書を贈ります。

出口　汪

さあ、
私と一緒に
論理的思考の世界
に旅立ちましょう。

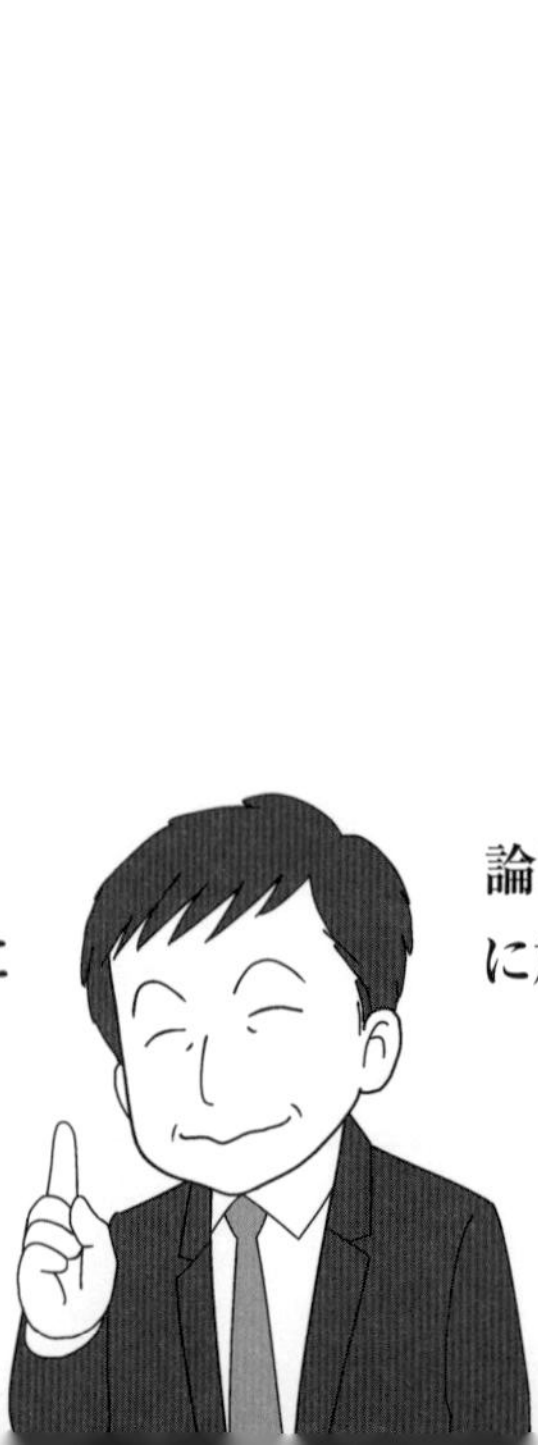

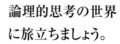

◉もくじ

第3章 新しい論理的思考 81

第4章 幼児から小学校で学ばせる国語 123

第5章 時代はクリティカルな思考へ 159

第6章 メディア・リテラシー

第1章 新しい教育

最近教育が変わるとか聞くんですがうちの子はついていけるかしら
話はさかのぼりますが江戸時代に西洋の学問は国交があったオランダからのもので
日本人はオランダ語の書物を翻訳して利用しました
現代の学校教育ではオランダ語に替わり英語が主要教科になりました
実は現在も「教育」のあり方は江戸時代と大きく変わっていません
自分で考えるのでなくて真似すればよかったのね
翻訳して暗記さえすればよかったこれが20世紀型学力です

日本人って英語を勉強しているのに話せない人が多いですよね
これでいいのか心配
そこで21世紀型学力が必要なのです

今後の学力は「20世紀型」から「21世紀型」へと変わるでしょう
世界は今まで経験したことのない問題に取り囲まれています
今まで覚えていた正解では対応できないのです

変化する時代に必要な学力の養成に国も本腰を入れます
それがどういうものなのかこれから詳しくお話ししましょう

本書は国語の本です。

それもまったく新しい国語の本です。

子どもが大学を受験する頃、あるいは、社会に出て行く頃には、今とまったく異なる学力が必要とされるのです。

そこで、これから必要な学力とは何なのか、それをどのように獲得すべきかを、順次明らかにしていこうと思います。

さあ、新しい国語の始まりです。


現在は明治維新以来の大きな変革期だと言えます。かつて必要とされた学力は、それゆえこれからの時代は不必要になるどころか、かえって実社会においてマイナスに働く可能性が大きいのです。

新しい時代には新しい学力が必要です。

まずは新しい時代に必要な学力がどう変わったのかを、なるべく丁寧に述べていきましょう。そこから始めなければ、今の子どもにどのような国語力を身につけさせるべきかが見えてこないからです。

ぜひ皆さんが受けてきた従来の国語の学習の仕方を頭に置いて、それをどう変えるべきかを考えてください。

1 答え探しの教育

今まで私たちが受けてきた教育は、欧米にすでに成功モデルがあり、それをいかに早く模倣するかでした。

それを二〇世紀型学力というのですが、日本はその優等生だったのです。

そのためには、英語の翻訳能力と、膨大な知識の詰め込み、速く正確な計算力が必要とされました。

かつて答えは西洋にあった

二〇世紀型学力の始まりは、江戸時代の蘭学にあります。日本は鎖国をしていましたが、オランダとのみ国交を結んでいたので、西洋の先端の学問はオランダ語の書物として入って来たのです。

当時、答えはすべて西洋にあったのです。自分たちで考えるのではなく、すでに西洋にある新しい思想や技術を模倣すればよかったのです。

蘭学はオランダ語を勉強する学問ではありません。あらゆる分野の西洋の学問はオランダ語の書物として国内に入ってきたので、蘭学とは翻訳のことであり、それは西洋のあらゆる学問を意味したのです。たとえば、杉田玄白らの『解体新書』も、解剖学の本の翻訳にすぎません。

明治維新以後、オランダ語がやがて英語に変わっただけで、西洋の学問のありようは蘭学時代と本質的には何も変わりませんでした。大学とは欧米の学術書の翻訳機関であり、学問とは翻訳行為そのものだったのです。

当時、大学はほんの数パーセントしか行けないエリートのためのものでした。彼ら明治の知識人は、日本に必要な欧米の成果を取捨選択し、それらを翻訳したのであって、その対象が何であるかによって文学部とか法学部、経済学部に工学部、理学部、医学部と学部が分かれたにすぎません。

ここでひとつの謎が氷解したと思います。

なぜ大学受験では文系・理系を問わずに英語英語と、英語ばかりを異常に重視するのか、そして、これほど英語を学習するのに、どうして私たちは英語を話すことができないのか？

もうお分かりだと思います。

江戸時代の蘭学を前身とした二〇世紀型の旧態依然とした学力が、この二一世紀にもまだ引き続いているということです。文系・理系を問わず、大学に入るには学術書の翻訳能力と、そのために必要な文法力が試されます。いくら難解な英文解釈問題を解いたところで、日常の英会話ができるようになるわけではありません。

今や時代は変わり、すべての日本人が翻訳能力を鍛える必要はなくなりました。それなのに、いまだに日本の英語教育は江戸時代の蘭学から脱却していないのです。

「指示待ち型人間」はどう作られた？

皆さんが子どもの頃受けた教育で、もう一つ疑問に思ったことはなかったでしょうか？

子どもの頃から算数・数学にさんざん苦しめられたのに、大学受験で志望校が私立文系になった瞬間、なぜ数学とは縁が切れてしまうのか？

それなら小学校の頃、なぜあれほど算数をやらされていたのか？

中学受験が近づくと、進学塾が合宿で「合格」と書かれたはちまきを締めた小学生にひたすら暗記を強いる光景がテレビニュースなどで流されることがありました。実際に今までの受験では、すでに決められた正解をいかに記憶できるか、算数であれば、解法パターンを暗記し、いかに時間内に要領よく問題を処理できるか、そういった能力が競われたのです。

実は教える側にとって、これほど楽なことはありません。物事を体系的に教える必要はなく、ただ子どもに鞭を打てばいいだけですから。そして、それに耐えられる子どもを抱え込むことで合格実績を上げ、その結果、翌年にはより優秀な子どもが入塾してくるのです。

それに耐えられない子どもには「努力不足」という烙印を押せばいいのですから、塾は安泰というわけです。

実は、子どもの頃からひたすら暗記を強いられ、それと同時に速く正確な計算力を鍛えられたのも、二〇世紀型学力を獲得するための方法だったのです。

大半の日本人は**一部の知的エリートがセレクトした知識を、一切の疑いを持たずに、ひたすら習得しようとした**のです。そのために教育では記憶・模写・計算が重要視されました。

大半の中学受験の進学塾では、算数の解法パターンを記憶させ、時間内に条件反射的に答えを出す訓練をさせます。本来、思考力を鍛えるための算数が、今や暗記科目と化しているのです。

予備校では、有名な英語講師が、たとえば上智大学なら五千語の英単語が必要だと平然とうそぶくことがあります。私立文系なら、英単語とイディオム、それに古文単語とひたすら言葉を棒暗記し、その上に社会科系の細かい知識を詰め込んでいきます。しかし、子どもの頃から詰め込んだ、算数の解法パターン、英単語や社会科の細かい知識などは、果たして社会に出てから役に立つのでしょうか？

もちろん社会科の知識などは本当に理解しているのなら役立つでしょうが、ただ闇雲に暗記したものは時間と共にあっという間に忘れ去られてしまいます。

実際、算数の解法パターンや五千語の英単語など、実生活の中で使うことはほとんどないので、あれほど貴重な若い時間を費やしながら習得した知識は、ほとんど忘却の彼方に去ってしまうのです。

それより恐ろしいのは、そのような教育を脳細胞の若い頃から続けてた結果、その猛勉強が皮肉なことにその人を社会で使い物にならないようにしてしまうという危険性なのです。

自分で主体的にものを考えずに、誰かが正解を持っていると無意識のうちに信じ込み、ただ指示を待っているだけの人間となってしまいます。あるいは、物事をすべて条件反射的に処理するだけで、多角的に捉えたり、深く考えたりすることができない人間になるのです。

こうした人間がこれからの時代では自然淘汰されていくのは自明の理です。若い頃からの努力がその人を逆に社会で役立たない人間にしてしまうのですから、こんな悲劇はありません。

二〇世紀型学力からいかに早く二一世紀型へ切り替えていくのかが、新しい時代を生き抜くためには何よりも重要なのです。

答え探しの教育は今や古い遺物と葬り去らなければならないはずなのに、実際はまだ多くの進学校や進学塾でまかり通っている現状はとても看過することができません。

日常生活を振り返り、冷静に考えれば、どんな教育が子どもに必要かは明らかなはずです。今や何も膨大な知識を詰め込まなくても、検索すれば簡単に調べることができます。計算はコンピュータの仕事になりました。漢字はワープロが自動変換してくれます。

もちろん小・中学生の学習事項は物事の基礎となる大切なことが多く含まれていいます。しかし、それらは棒暗記をするのではなく、理解して、使いこなす中で次第に身につけていくものです。

要は検索すればいいだけの知識は無理に詰め込む必要はなく、逆に根幹となる重要な知識は身につけることが必要だということです。それよりこれから必要なのは、**調べる力**、**確かめる力**、**考える力**、**表現する力**なのです。

2　二一世紀型学力

二〇世紀には欧米モデルという正解がありました。

ところが、今私たちの目の前で起こっていることは、私たちが一度も経験したことのないことばかりであり、欧米のどこを探しても絶対的な正解などどこにもないのです。

そのために文科省が打ち出した方針は、**従来の知識偏重の教育を是正し、自分で問題を発見し、自分で考える力を育む**というものです。

あるいは、**たったひとつの正解などどこにもないのだから、様々な角度から物事を多面的に捉え、その中から相対的に最も適切なものを選び取る**ということです。

これは世界的傾向であり、国際バカロレア試験、ＰＩＳＡ、学力調査試験、そして、二〇二〇年以降の大学の入学試験と、すべてはこうした二一世紀型学力を試すものへと方向転換をし始めています。

今や教育は大きく変わりつつあります。

現に二〇二〇年に大学入試センター試験が廃止となり、まったく新しい入学制度と試験が施行されます。子どもたちは、新しい入学制度のもとに大学受験を迎えることになるのです。幼児・小学生の頃から教育を切り替えていかなければ、高校生になっていきなり真逆の教育を受け入れようとしてもうまくいくはずがありません。

それなのに、学校も塾も親も新しい教育に関して、あまりにも鈍感であるように思われるのです。

二一世紀型学力へ

今の子どもが将来問われる学力は、この二一世紀型学力です。

そこで、大学受験生になった時、さらには社会に出て行く時に一体どのような学力が必要とされるのか、私たちはそれを今明確にする必要があります。

そこから逆算すると、どのような教育を与えればいいのかが見えてくるはずです。

3 ロジカル・ライティング

昔と今とでは、「**書く**」意味が決定的に変わりました。

ところが、そのことにいまだに気がついていない人があまりにも多すぎます。

不特定多数の読み手に向かう

昔の「書く」は基本的に手書きでした。

自分の書いた文章が活字になるのは、作家、記者など一部の職業の人に限られ、さもなければ自分でお金を出して同人誌を作るしか手立てはなかったのです。手書きで「書く」とは、特定の相手に向けて書くということに他なりません。

それに対して、今やメールやブログ、フェイスブック、ツイッター、ラインと、デジタルデータとして書く時代になりました。

電子情報は一体誰に読まれるのか分かりません。特定の相手に対するメールであったとしても、その相手が無断で誰かに転送しないという保証などありません。

つまり、私たちは誰もが不特定多数の読み手に向けて書くという時代を迎えたのです。

論理的に書ければ成功する

ブログ、フェイスブック、ツイッター上で、感情的な言説を撒き散らす人が増えていますが、一時の感情で書いた言葉が拡散され、やがて思わぬ形で災難をもたらすことも今では珍しくなくなりました。誰に読まれるか分からないのに、感情的な言説を撒き散らすということは、ある意味で大通りを裸同然で歩いているようなものです。

そうした危険性さえも気がつかない人が結構多いのです。

ビジネスで取引相手と交渉する時も、今までならば名刺を交換し、相手が大企業の管理職ならば、それだけで一目を置いたかもしれません。

今では名刺に書かれた名前を検索し、その人の書いたブログやフェイスブックなどの文章を読むことが多くなっています。たとえ、どんなに立派な肩書きの人でも、その人が書いた文章が稚拙であったり、日本語の間違いが多かったり、感情的な文章であったりしたなら、とたんにビジネス相手として不安を抱くことになるでしょう。

逆に、今までならばまだ若くて、肩書きがなければ、相手から軽く扱われることが多かったかもしれませんが、情報発信として書いた文章が見事であったり、論理的であったり、真の教養が満ちあふれていたりしたなら、それだけで誰もがビジネス相手として一目置くことになります。

今の時代は、若くて、お金や地位がなくても、言葉を操る力さえあれば、十分に成功のチャンスが巡ってくるのです。

これほど時代が大きく変わったのに、学校では未だに手書きの「書く」の訓練しか行われていません。

そして、細かい知識の詰め込みと計算……。それでも保護者のみなさんや教育関係の方々は、旧態依然の詰め込み教育を望むのでしょうか？

不特定多数の読み手に書くには、論理的な方法が不可欠です。

情報発信の時代には、不特定多数の読み手に書く、ロジカル・ライティングの力を子どもの頃から鍛えていかなければならないのです。


二〇二〇年、センター試験が中止になり、**「新テスト」**が施行される予定です。センター試験はすべてマークセンス方式でしたが、「新テスト」ではマークセンス方式とは別に、本格的な記述式形式だけのテストが実施されることになりました。

この記述式対策は付け焼き刃で太刀打ちできるものではありません。やはり、小学校のうちから日本語の規則や論理を身につけて、選択肢に頼らずに文章を書く訓練をしていく必要があります。

ロジカル・ライティングこそが、これからの国語教育の中核となっていくのです。

4 グローバル化の時代

私たちは確実にグローバル化の時代を迎えようとしています。教育においても、日本一国のガラパゴス的なものは世界で通用しなくなるのです。

文科省はそのために盛んに英語教育の充実をうたっていますが、**グローバル化時代に真に必要なものは、むしろ英語力よりも論理力なのです。そして、その論理力は国語で獲得することがもっとも有効なのです。**

従来の英語教育は翻訳能力とそのための文法力を鍛えるものであって、これを何年学習しても話せるようにはなりません。

今私たちが必要としている英語力は必ずしも翻訳能力ではなく、コミュニケーションのツールとしての英語力です。そのために、文科省は「読む」に特化した英語教育を、「読む」「書く」「話す」「聞く」の四技能を身につけるためのものへと方向転換しようとしています。これ自体は決して間違った方針ではありません。

しかし、グローバル化時代に必要なものは、決して英語力ではないのです。

アメリカ人は英語を勉強しなくても話すことができます。日本人がアメリカ人のように英語を話すためには、膨大な時間とお金をかけなくてはならず、そのためには何かを削らなければならなくなります。

その結果、私たちはアメリカ人に対して大きなハンディキャップを背負うことになります。それを国策として、何の議論もないまま受け入れることが必ずしも正しいかどうかは、一度立ち止まって考えてみる必要があるでしょう。

「論理」というコミュニケーション・ツール

真のグローバルの能力とは、人種も、宗教も、歴史も、文化も異なる強烈な他者をいかに受け入れ、コミュニケーションを取ることができるかどうかなのです。そういった意味では、**グローバル社会においては、論理力こそ世界の共通語と言えるでしょ**

う。

論理的に書かれた文章なら、今やコンピュータが自国の言葉に瞬時に翻訳してくれます。一般の人が、国内で英語を必要とする場面などは、めったにあるものではありません。海外などで仕事をする人は、必要に迫られて、英語力を自分で身につけていきます。

すべての日本人に必要なのは、むしろ**強烈な他者を受け入れることのできる受容力と、論理というコミュニケーション・ツール**ではないでしょうか？

私たちは一日中、生涯にわたって日本語を使うのですから、まずはその日本語の論理的な使い方を、子どもに習熟させることが優先させるべき課題なのです。

5 クリティカル・シンキング

文科省の新しい教育方針の中核に、クリティカル・シンキングがあります。これは欧米先進国共通の方向性でもあるのです。

正解は一つではない

クリティカルとは日本では「批判的」とマイナスイメージで翻訳されがちですが、実際のクリティカルの意味は決してそうではありません。**物事を主観的に捉えるのではなく、様々な角度から客観的に捉える力**のことを意味します。

あるいは、**正解がひとつあるのではなく、様々な可能性の中から最も適切なものを選び取る力**と言うこともできるでしょう。

まさに従来の答え探しの教育とは真逆な方向性を持つものです。

国語における論理とは、筆者の立てた筋道のことであり、筆者の視点から文章を読むことです。従って、問題文中に明確な答えがあり、読み手の主観を入れる余地はまったくありません。自分の主観を排して、いかに筆者の立てた筋道をあるがままに理解できたのかが問われるのです。

もちろん、そこで身につけた論理的思考力があらゆる学習の基盤となることは言うまでもありません。そこで、幼い時から、徐々にそうした論理力を鍛えていくことが重要です。しかし、これからの教育はそこに留まるのではなく、さらに一歩進んで、クリティカルな思考力まで求められていきます。

クリティカル・シンキングでは筆者の主張を論理的に読み取った時、それは数ある主張のひとつであり、実はそれに対立する主張もあるということを意識します。時には、筆者の主張自体を疑ってみることも必要です。

たとえば、新聞や週刊誌の報道であっても、その背後には政府や政党、宗教関係、電力会社など、さまざまなスポンサーがあるので、まったくの中立、客観的な報道とは言えない場合もあります。

そこで、現実問題に対処するために、問題文という閉じられた世界の中だけで考える論理的思考だけでなく、それを基盤として、より開かれた世界で多角的に考えるクリティカルな思考力も同時に鍛えていかなければなりません。

現実世界においては、**たったひとつの正解などどこにもありません**。

将来、正解が与えられない現実世界で生きて行くには、自分で問題を発見し、自分で解決するクリティカルな思考能力が何よりも大切なのですが、こうした力は今の答え探しの授業のあり方では育むことができません。

では、クリティカル・シンキングを獲得するには、幼児期、小・中学生の頃にどのような教育が具体的に必要なのか。

本書では、第4章から、具体的な問題を提示しながら、説明していくことにします。

6 メディア・リテラシー

メディアとは「媒体」という意味です。

たとえば、私たちは今政治家がどのような活動をしているのか、直接に見聞することはできません。経済がどのような動きをしているのか、日本で今どのような事件が起こっているのか、それらも直接知ることなどできないのです。そこで、テレビや新聞、週刊誌などメディアを媒体として知るしかありません。

多くの人たちにそうした情報を伝えるのがマスメディアであり、ネットや衛星放送など、今新しく生まれてきたメディアをニューメディアといいます。

ここで大切なのは、巨大に膨れあがり、複雑に入り込んだ私たちの社会では、私たちはメディアを通してしか何が起こっているかを知ることができないということです。

よく子どもにパソコンやスマートフォンを持たせるのは弊害が大きいからよくないといった論調が見られますが、世の中が情報時代である限り、子どももやがてはそうした世界の中で活躍していかなければなりません。今の時代に、子どもをアナログの世界に閉じ込めたところで、いずれはデジタルの世界に暮らしていくことになります。

それならば、子どものうちからパソコンやスマートフォンの操作に慣れ、早くからそうした危険性を教え込むほうが賢明なのです。

情報を取捨選択する力が必要

ネット時代には膨大な情報が一方的に流れてきます。それらの情報には必ず発信者がいるのです。彼らは様々な意図、思惑があって情報を発信しているのです。商品を売りつける、宗教などに勧誘する、狂信的な思想を植え付けるなど、発信者の思惑に気がつかなければ、人生を狂わせる危険性さえあるのです。その中には誤報やデマ、あるいは意図的に流された歪んだ情報など、私たちを惑わすものが多く含まれています。

そうした危険性も知らずに、子どもが無防備に情報社会に飛び込んだなら、大変なことになってしまいます。**そうした情報に溺れず、その情報の真偽を確かめ、自分にとって必要な情報を取捨選択する力が、この現代を生き抜くためには何よりも重要となるのです。**

そこで、子どもの頃からこのメディア・リテラシーを身につける教育が必要となります。そのためには、前提として、ロジカルな思考、クリティカルな思考の養成が大切となります。

こうしたメディア・リテラシーを教育の中で具体的にどう取り込むかは、第6章で紹介します。

7 アクティブ・ラーニング

文科省が新しく打ち出した方針は、従来の読解中心の国語ではなく、**「話す」「聞く」「読む」「書く」の四つの技能をバランス良く伸ばす**ものです。

「読む」「書く」力だけを養成するならば、一人の先生が講義をするというスタイルで何の問題もなかったのですが、「話す」「聞く」力も伸ばそうとすると、先生の一方的な授業スタイルでは成り立ちません。

そこでアクティブ・ラーニングが必要となってくるのです。

「双方向型授業」の展開

さらに先生が正解を持っていて、子どもがそれを受容するというこれまでの授業スタイルを大きく変えていかなければなりません。また多面的に物事を捉えたり、正解が複数あったりするクリティカル・シンキングの場合も、従来の授業スタイルにはなじみません。

子どもの一人ひとりが自分で問題を発見し、それを話し合い、発表するという、先生と生徒の双方向型であるアクティブ・ラーニングが重要になってきます。

そして、その上で初めてクリティカル・シンキングも確立することができるのです。

方法としては、授業にディベートや演劇を取り入れることも有効です。そのためには、幼児や小学校低学年から、論理的教育や他者の視点でものを捉える訓練が欠かせません。

先生が一方的に子どもに答えを教えるのではなく、子どもが自ら問題を発見し、自分の頭で考えていくには、なるべく低年齢から先生と子どもの間で、双方向の授業展開が必要になるのは言うまでもありません。

8 二〇二〇年、教育が変わる

ここまでは、時代の変化に応じて、私たちが必要とする学力が大きく変わるので、教育も大変革しなければならないと述べてきました。

では、果たして教育は本当に変わっていくのでしょうか？

ゆとり教育に邁進しようとして、右往左往してきた文科省の動きを見て心許ないと感じている方もおありかもしれませんが、今回の改革は確実に実行されていきます。

それは一体何故なのか？

その答えは少子化にあります。

かつては大学入学定員を大幅に上回る受験生がいたため、公平な選抜試験によって合否を判定する必要があったのです。言わば、**大学側が受験生を選んでいた**わけです。

入学試験はあくまで「選抜」のためであり、数多くの受験生の合否を決めるのは、一発勝負の試験、しかも、マークセンス方式が最も現実的だったのです。そして、定員を超える学生を順次「ところてん式」に卒業させなければ、新しい学生を受け入れることができません。

そのために、**大学は入るのが難しく、出るのが簡単**でした。

ところが、今や子どもの数が減り続け、現在でも私立大学の四割以上が定員割れを起こしています。それ以上に、問題はこれからゼロ歳人口まで、おそらくその後も子どもが減り続けるということです。その結果、一部の難関大学を除いて、ほとんどの大学が定員割れを起こすことが予測されます。八、九割の大学が定員割れを起こし、経営が困難になっていきます。

そうした大学は一切の学力を問わず、無条件で学生を受け入れていくことになります。基礎学力のない学生たちが大勢入学してくると、大学の講義自体が成立しにくくなります。そこで、文科省は最低限の学力を担保させようと、**新テストを選抜試験で**

はなく、達成度を測る試験へと主旨を変えて実施しようとしているのです。

新テストは点数化せず、将来複数回受験の可能性を模索しているのもそのためです。つまり、大学側が求める学力に達成したかどうか、そこを測っていくのです。

大学が選ばれる時代へ

一方、東大などの一部の最難関大学も安閑とはしていられません。グローバル化の時代では、優秀な受験生が今までのように東大を選ぶとは限らず、ハーバードやオックスフォードなど、世界各地の難関大学を選ぶ可能性が大きくなっていくからです。その結果、難関大学でさえ、厳しい国際競争に巻き込まれ、優秀な受験生を確保することが難しくなります。

つまり、これまでのように大学が「選ぶ」時代から、大学が「選ばれる」時代へと大きく変わっていきます。

定員割れを起こした大学は、当然卒業を厳しくすることになります。四年間よりも、できるなら八年間学費を払い続けて欲しいというのが、大学側の本音だからです。

文科省は様々な提言の中で、**「入学時の学力よりも、卒業時の学力を重視せよ」**と繰り返していますが、これは大学にとっても好都合なことなのです。

大学は卒業するのが難しくなる

今までは、大学は入るのに難しいが、出るのは簡単でした。**これからは入るのは簡単ですが、出るのが難しくなっていくのです。**

ゼロ歳人口まで子どもが減り続けるのは今さら変更のしようがない事実であって、政権が替わろうが、文科大臣が替わろうが、この流れに沿って教育が大きく変わることは間違いありません。大学の入り口は広くなり、卒業のための出口が狭くなるのです。

だから、点数・偏差値を上げるための教育ではなく、大学で高等教育を受けるための教育、そして社会に出て活躍できるための教育こそが重要となっていきます。

今回の大学入試改革では、受験日程における学校現場の混乱や膨大な記述式の採点が果たして可能なのかなど、様々な問題点が指摘されていますが、教育関係者でさえあまりその本質が見えていないように思われます。

今議論されているのはあくまでも制度上の問題であり、これらは多少の混乱・変更が起こる可能性があるのですが、大きな流れが変わることは決してありません。大切なのは大きく変わった世の中に対応して、それにふさわしい教育に変えていかなければならないということです。

私たちは今こそ新しい学力観を打ち立てなければなりません。大学に入るための学力ではなく、**大学で高度な論文の読み・書きが可能な学力、社会に出て活躍できるための学力、そして、生涯学習を可能にする基礎学力こそ大切なのです。**

第1章　教育が変わる・まとめ

（これまでの）

20世紀型学力 ☞ **英語の日本語翻訳能力**
膨大な知識を身につける
速く正確な計算能力

（日本はその優等生だった。ここを基盤として繁栄してきた）

●ここでは、すべて「一つの正解」があった。

（しかし時代が激変。未経験の事象にさらされる私たち。「日本対外国」から「世界の中の日本」に）

従来の **「答え探しの教育」** では、新時代を担う人材は育たない。

↓（ここで衝撃的な教育改革が行われる）

（それが）

21世紀型学力 ☞ **調べる力・考える力・表現する力**

「たった一つの正解」などないのだから。

さまざまな角度から多角的に客観的に捉え、相対的に最も適切なものを選び取る（クリティカル・シンキング）。社会が期待する人材像もここにある。

（こうした21世紀型学力を培うために）

☞ **国語教育が変わる。**

第2章 新しい国語の教科書

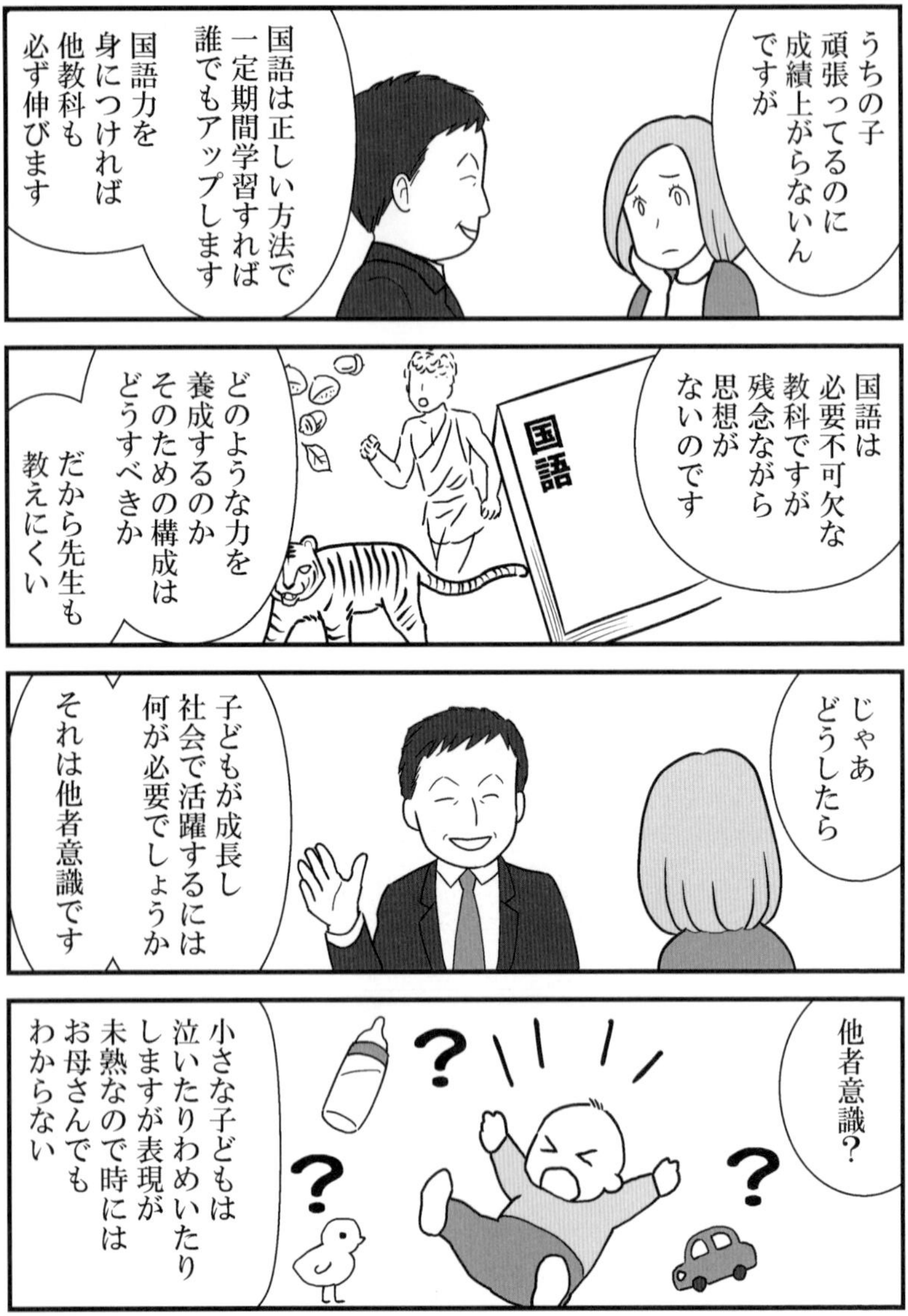
うちの子
頑張ってるのに
成績上がらないん
ですが
国語は正しい方法で
一定期間学習すれば
誰でもアップします
国語力を
身につければ
他教科も
必ず伸びます
国語は
必要不可欠な
教科ですが
残念ながら
思想が
ないのです
国語
どのような力を
養成するのか
そのための構成は
どうすべきか
だから先生も
教えにくい
じゃあ
どうしたら
子どもが成長し
社会で活躍するには
何が必要でしょうか
それは他者意識です
他者意識?
小さな子どもは
泣いたりわめいたり
しますが表現が
未熟なので時には
お母さんでも
わからない

その子を知らない人ならもっと分からないでしょう　これが「他者意識のない」状態です
ホラアレだよアレいつもの
どれでしょう
新人
誰にでも分かる言い方をしないと理解してもらえないですね
そのためには筋道を追って論理的に話さなければなりません
国語のテストで「次の文章を読んであとの問いに答えなさい」という問題がありますが
子どもがその文章を感覚で主観的に読んでしまい
出題者の意図が理解できず自分勝手に解釈してつまずいてしまう
論理的に読み取っていく力が身につけば必ず英語や数学や理科などの強化につながります
他者意識を常に持ち論理的に筆者の主張を追う論理力を養成するのです

本章では、新しい教育に対して、新しい国語とはどのようなものかを解説していきます。

おそらく今まで持っていた国語のイメージが一変することになるでしょう。

国語は所詮日本語だから、何もしなくても何とかなる。

国語の勉強の仕方が分からない。

国語はいくら勉強しても成績が上がらないから、他の教科に力を注いだほうが賢明である。

このように、今まで国語に関して間違った捉え方がなされてきました。ところが、実は**国語ほど確実に、しかも、他の教科よりも成績を上げやすい教科はどこにもない**のです。

もう一度言います。

国語ほど成績を上げやすい教科はありません。しかも、それだけではなく、**国語は**

全教科の土台となるものです。逆に言うと、国語力を身につけずにいくら学習したところで、英語も数学も理科も社会もある程度まで伸びると頭打ちになり、それ以上に成績を上げることができません。まさに、国語力がすべての教科の成績アップの鍵を握っていると言っても過言ではありません。ところが、多くの子どもたちが本来の国語のあり方を真逆に捉え、そのためにいくら学習しても効果を上げることができないでいるのです。

国語は生涯にわたって、人生の武器となります。

しかも、正しい方法で一定期間学習すれば、誰でも確実に身につけることができるものなのです。一度身につけたなら、その後の学習効果はまるっきり違ったものになります。

そのために、まず新しい国語の考え方を理解することから始めましょう。

9 思想性のない教科書

教科書にはその学年にふさわしい名文が集められていて、大人の私が読んでも面白くて仕方がありません。それなのに、国語の教科書が実際に役に立ったかと聞いてみると、ほとんどの子どもはよく分からない、あるいは、まったく役に立たなかったと答えるのではないでしょうか？

小学校から高校を卒業するまで、膨大な時間を国語の学習にあてながら、いったい何がそれによって身についたのか、実に心許ないと言えるでしょう。

国語の教科書の一番の問題点は、思想がないことです。

一つ一つの掲載された文章が、一体子どものどのような力を養成するためのものか、そのためには教科書全体をどのような構成にすべきか、そういった思想がどこにも見

られないのです。

その結果、先生は何をどう教えてもよく、ことによると何も教えなくても何の問題も起こらないといった事態に陥ってしまいます。一人ひとりの先生によって、国語の考え方も教え方も評価の仕方も様々なので、子どもにとってみるといい先生に当たるかどうか、まさに運次第ということになります。たとえ、いい先生に当たったとしても、学年が変わり、担当の先生が替われば、学習内容が引き継がれることはありません。先生と先生、そして、生徒との間に共通の規則、共通の言葉がない限り、子どもの学力を伸ばすことなど到底不可能なのです。

他の教科ならば習得しなければならない知識や、理解しなければならない内容が明確にあるのに、国語の教科書はただ文章が並んでいる（もちろん多少の設問はついていますが）だけですから、担当の先生さえ子どもにどのような学力を身につけさせればいいのか、自信を持って答えることができないのではないでしょうか。では、国語とは一体どのような教科でしょうか？　子どもにどのような学力を身につけさせればいいのか、次にそれについて詳しく説明していきましょう。

10

他者意識が論理の始まり

国語は子どもが次第に成長し、大人になっていくために必要不可欠な教科だ、そう言うと、おそらくあなたは首をかしげてしまうのではないでしょうか？

大抵の人の国語に関するイメージは、何を学習するのか漠然としていて、あまり役に立たない教科だというものだからです。

実はその答えは「**他者意識**」という言葉にあります。子どもがやがて自立し、社会で活躍するためには、この他者意識を育てることが必要なのです。そして、論理力も、この他者意識をどれだけ身につけることができるかにかかっているのです。

他者に向けて論理的に説明する

たとえば、歯が痛いとしましょう。

歯の痛みもその症状は千差万別で、しばらくがまんすれば忘れてしまう痛みかもしれませんし、脳髄にまで響く、とても耐えることのできない痛みかもしれません。たとえ親子であっても、別個の人間である限り、歯の痛みひとつとってもなかなか相手に伝わるものではありません。そうした意味で、すべての人間は子どもにとってそう簡単には分かってくれない他者なのです。

「お母さん、歯が痛い」

子どもがそう言ったところで、あなたはその痛みがどのような類の、どの程度のものなのか正確につかむことはできません。あなたは自分の歯が痛かった時のことを思い浮かべ、そこから子どもの歯の痛みを推測するしか手立てがないのです。

子どもは泣いて見せたり、「歯が痛い」と言ったりすれば、自分の痛みの種類や程度をお母さんが察してくれると疑いもしていません。なぜなら、まだ他者意識が芽生えていないからです。

私たちが歯科医院に行った時は、右下の奥歯であると場所を示し、昨日から痛み出したとか、ズキンズキンと頭に響くような痛みであるとか、普段は痛まないがものを食べる時にだけ痛み出すとか、他者に向かって痛みの状態を何とか伝えようとします。それが他者に向けて、論理的に説明するということです。

身の回りにいる人との会話は感覚的で省略が多い

なぜ他者意識が論理力にとって必要なのか、少し先回りをして説明してみましょう。**他者意識がないと、人は感覚で何となく伝えようとし、言葉は省略に向かっていきます。逆に言うと、他者意識が強いとおのずと丁寧な言い方になります。**

初対面の人とは丁寧な話し方をしますが、次第に仲が良くなると言葉は省略に向かい、何となく感覚で分かり合っているような気がしてきます。もし、結婚でもして、新婚生活を終えると、男の人は「メシ」「フロ」「ネル」のたった三語ですべての用事を済ましてしまうようになるかもしれません。そこには当然、論理的な会話は成立していません。

平安時代の文章に省略が多いのは、書き手である女房が中宮を初めとする後宮の女性たちに向けて書いた文章だからです。それに対して、江戸時代以降は印刷技術が発達しましたから、筆者は不特定多数の読者に向けて文章を書くようになったので、おのずと論理的な文章になったのです。

論理力は他者意識が前提となるのです。

11

どこで国語教育が間違ったのか

国語——他者に向けて書かれた文章が理解できるか。

最も他者意識が強いのは活字化された文章です。

書き手は不特定多数の読み手に対して文章を書いたのですから、おのずと筋道を立てて文章を書くことになります。

国語の試験問題は、与えられた文章を正確に理解したかどうかを、設問で試すものです。そこで、筆者の立てた筋道をあるがままに追っていく、論理的な読解が必要なのですが、ほとんどの子どもは筆者の立てた筋道を無視し、自分の感覚で読み取って、行き当たりばったりに設問を解いていきます。

そんな方法でどれだけ多くの問題を解いたところで、相変わらず合ったり間違ったりの繰り返しなので、国語は勉強しても伸びないと、結局、センス、感覚の教科と決めつけてしまうことになるのです。

学校の先生も論理的な読解法などは教えてくれません。ましてや塾の先生はひたすら問題量をこなすだけなのです。

いくら国語の問題を解いたところで、論理的な読解法を身につけない限りは、ほとんどの勉強時間が無駄に終わってしまうことになります。

「どうすれば国語の成績が伸びるのですか？」

この質問に対して、最も多い返答が次の、

①本をたくさん読みなさい。
②新聞の「天声人語」などのコラムや社説をまとめなさい。
③問題をたくさん解きなさい。

の三つなのです。

①ですが、本を読んだところで、論理的な読み方を知らなければ、ほとんど効果がありません。単に好きか嫌いか、面白かったかつまらなかったかという感想を抱くだけで終わります。

②も新聞の論理的な文章をどのように読み、どのように論理的にまとめるのかを知らなければ、膨大な時間が無駄に過ぎてしまいます。

③も同じで、一貫した読み方、解き方を知らずにいくら数多くの問題をこなしたところで、結局はたまたま合ったか間違ったかの繰り返しなのです。

この三つの返答は、どれも先生が自ら「国語は教えられない」と告白しているようなものです。だから、本をたくさん読み、文章をまとめ、問題を解くことによって、自分でセンスとやらを磨くしかないと言っているようなものです。

つまり、**教えることの放棄**に他なりません。

大切なことは、国語の試験とはどのような力を見るもので、そのためには、文章をどのように読み、どのように解くのか、それらをしっかりと理解することです。

まさに、曖昧と言われている国語にこそ思想が必要なのです。

12 人間は主観的な動物である

私たちは主観的な動物であり、ある種の意識改革や訓練なくしては誰も客観的に物を見ることなどできません。

たとえば、私は大勢の前で講演をする機会が多いのですが、肉体を持った私は一人であるのに対して、それと同時に観客の数だけの私がいると考えることもできます。観客が見ているのは自分の網膜に写った私の映像であり、それは一人ひとり異なるはずです。

実は、それだけではありません。過去に私の講演を聞いた人はその時の記憶の映像に重ねて今の私を見ているのであり、過去に私の本を読んだ人はその時の印象を基に今の私を見ているのです。

つまり、肉体を持った私、ものとしての私は一人しかいないのですが、実際観客が見ているのはものとしての私ではなく、網膜に写った私である限り、それは情報にほかならないのです。そして、私に対する情報は一人ひとりどれも異なります。

私たちは「見る」という行為一つとっても、主観的に見ているのです。

では、私たちが文章を読む時はどうでしょうか？　夜に恋愛小説を読んでロマンティックな気分になったとしても、同じ小説を朝読み返すと、あの時光であったものが陰となり、今度は別のものを読み取っている可能性があるのです。その結果、あのロマンティックな気分は失われてしまいます。私たちは先入観を通して文章を読んでいるからです。

人間的な成長をしたりする時も、先入観は大きく変わります。たとえば、若い時にはよく分からなかった小説でも、様々な社会的経験を積んだ後に読み返せば、昔とはまったく異なる感想を抱くことがあります。それも人間的成長により先入観が変化し、意識に残る光の部分が以前とは変化したからなのです。つまり、**誰もが自分の主観からは自由になれないので、日常的な読み方をしている限り、同じテキストから一人ひとりが様々なものを読み取ってしまう**ということなのです。

13 自分の主観をカッコに括れ

国語の入試問題は、あくまでも文章をいかに客観的に、論理的に読解したかを、設問で試すものです。

私たちが主観を通してしか文章を読めないのなら、自分の主観をひとまずカッコに括り、筆者の意識で読んでいくしかありません。これが論理的な読解の出発点なのです。

つまり、筆者の立てた筋道をあるがまま理解していきます。しかし、人間が主観からそう簡単に自由になれない以上、それには一定期間の訓練が必要となります。こうした訓練をすることなく、ただ自分勝手にいくら問題を解いたところで、やはり合ったり間違ったりの繰り返しで、それをセンス・感覚のせいにしているだけなのです。

筆者の主張と論理を正確に読み取ったならば、記述式問題であろうと、マークセンス方式であろうと、正確に答えを出すことができるようになるのです。

小学生の頃はスポーツでいえば、フォームを固める大切な時期、簡単な文章を論理を意識して正確に読み取る訓練をしていきましょう。

文章を正確に読み、その内容を理解すると、子どもは次第に筆者と対話をし始めます。筆者の考えに対して、おのずと自分の考えが脳裏に浮かんでくるようになるのです。

小学校低学年のまだ簡単な文章であろうと、子どもは様々なことを考え始めます。これが思考の出発です。ただし、筆者の考えと、自分の考えとは明確に区別しなければなりません。そして、今度は自分の考えを不特定多数の他者に向かって論理的に説明できるようになれば、記述力や作文力、将来の小論文作成の基礎ができあがってくるのです。

こうした訓練を繰り返すことによって、客観性を身につけ、論理的な思考力を鍛え、論理的な表現力を修得していきます。

14 選択肢に正しいものなどない

二〇世紀型学力では、欧米にすでに成功モデルがあり、先生はそれを一方的に教え、子どもはそれをひたすら模倣・吸収するという構図ができあがっていました。これでは子どもたちが自分でものを考える力など到底つくはずもないのです。

その一方、国語においては、筆者の立てた筋道を無視し、子どもが自分勝手に読み、主観的に解釈するという恣意的な教育がなされていました。先生一人ひとりが国語に対する考え方、教え方、評価の仕方も異なり、国語は子どものどのような力を、どのように鍛えていくのか、曖昧模糊としたままでした。

今、こうした国語のあり方を大転換させ、絶対的な正解などない、クリティカルな思考が求められようとしています。

実は選択肢の問題を解くにも、本来はクリティカルな思考が必要とされるのです。

先生も生徒も選択肢の中に絶対的な正解があると信じ、それを疑いもしないのですが、本来選択肢とは出題者の作文に過ぎません。その作文が絶対的に正しいという保証はないのです。

正解は問題文の中にあるのですが、出題者が選択肢を作る際に、当然表現を変えることになります。その結果、選択肢と問題文の内容とは微妙にズレを生じることがあります。その時、どこまでが正解で、どこからが不正解なのか、境界線を引くことが困難な場合があるのです。

ただし、正解を正しく導くことは十分可能です。絶対的に正しい選択肢はないにせよ、少なくとも出題者はそのひとつを正しい選択肢として作文し、残りを間違った選択肢として作文しているのですから、それを見分けることは決して難しくありません。

そこには出題者の明確な意図があるからです。そして、その意図を見抜くことは日本語の規則を身につけている限り、思っているよりも簡単なことなのです。

国語の問題を解くためには、筆者の意識で文章を読み、出題者の意識で設問を解いていきます。言わば、**二重の意味で自分の主観を括弧に入れる**わけです。しかし、現実にこのような指導を受けている子どもはほとんどいません。だから、本来最も必要とされる国語が思ったほど成果を上げることができないでいるのです。

子どもの頃から他者の意識で文章を読む訓練を当たり前のように繰り返すうちに、論理的思考とそれに基づくクリティカルな思考が自然に身についていくのです。

15

なぜ作文教育は効果がないのか

文科省の新方針の柱に、「表現」があります。

おそらく多くの教科書では掲載された文章について、今まで以上に「話し合いをしましょう」「感想を書きましょう」といった課題が出されることになるでしょう。

実はここに大きな落とし穴があるのです。

子どもの発想や感想を客観的に評価できない

子どもが幼い発想で自分の感想を述べたところで、一体どのような学習効果が得られるのでしょうか？　それらをどのように客観的に評価するのでしょう。

ただ思いつきを言い合って、お茶を濁すだけのことではないでしょうか。

感想を書いたところで、不特定多数の読み手に対して、論理的に書くという訓練をしなければ何の意味もありません。ところが、そのことを体系的に教えることができる先生がほとんどいないのが現状なのです。それどころか、そうした問題意識すら、大方の先生は持っていません。

高校三年になると、推薦入試などで突然小論文が必要となることが多くあります。先生は生徒の答案の不適切な箇所に赤字を入れるのですが、どこに赤字を入れるかというと、先生の長年の文章経験から判断することになるのです。ところが、生徒は先生の長年の文章経験を持っていないのですから、赤字を入れられた箇所が修正すべきだとは理解できるのですが、ではどのようにすれば適切な文章を書くことができるのかが分からず、何の解決にもなっていないのです。

つまり、**先生と先生、先生と生徒の間で、日本語の規則、論理といった共通の規則、共通の言葉を持たずに国語学習を続けてきた**ことに、その根本原因があるのです。

小学生の頃はまだ文章を正確に、深く読み取る力はなく、ましてやそれを理解するだけの社会的経験も持ちません。そんな子どもたちに感想を述べさせたところで、大した学習効果は得られないのです。それよりも**日本語の規則に従って文章を処理したり、不特定多数の読み手に対して論理的に文章を書いたりするための指導を一つ一つ丁寧にすることによって、初めて子どもが生きるための武器を手に入れることになる**のです。

あるいは、文章を自分の主観によってではなく、客観的に読み、そこから考えることを出発させる指導が、はるかに効果的だと言えるでしょう。

第2章　新しい国語の教科書・まとめ

○国語は全教科の土台

○国語は他教科より成績を上げやすい

（しかし）

●教科書には思想がない

・どのような力を養成するためのものなのか。

・全体としてどのような構成にすべきか。

では、国語とはどんな教科で、どんな力をつけさせるのか。

→国語とは、他者に向けて書かれた文章を理解する力を養う教科

（書き手は不特定多数の読者に向けて書いたのだから、筋道を立てて、論理的に書いている）だから→主観的にものを見て、主観的に捉えてはいけない、先入観にとらわれてはいけない。

↓

（国語の問題は）文章を客観的・論理的に捉えられるかを試すもの。

（正答を導くには）

・自分の主観をひとまずカッコに括る。

・筆者の筋道をたどり、主張と論理を読み取る。

・筆者の考えと自分の意見を明確に区別する。

☞簡単な文章を、論理（筋道）を意識して正確に読み取る訓練が必要。

第3章 新しい論理的思考

ちょっと言葉を使わずに何かを考えてみてください
ええっ……できません
私たちは言葉を使ってものを考えています言葉で世界を整理しているのです
あいうえ
ごはん！
おもちゃ！
あそぶ！
ですから子どものうちから言葉による世界の整理のしかたを教えなければなりません
なんだか難しそう うちの子にできるかしら
単に言葉を記憶するのでなく一つ一つの言葉の使い方を理解させるのです
論理力は学習や訓練によって習熟するものです生まれながらの資質とは関係ありません
マジ ヤバイ ヤバくね
ヤバイ ヤバイ マジ
子どもは何となく日本語の使い方に慣れてしまっていますが言葉の使い方の上に成り立っている論理的思考が欠けています

それを変えるには
徹底的に日本語の
規則・論理を意識し
習熟するまで訓練
することが大切です
訓練？
論理的な言葉を
与えていけば
いいのです
たとえば
「花が咲いた」と
言ったとします
しかしこれだけでは
言いたいことを理解
してもらえない
どんな種類なのか
どう育てたのか
どんなふうに
咲いたのか
どう感じたのか
理解して
もらうためには
「花」と「咲いた」の
説明が必要です
水をあげて
日の当たる場所に
毛虫が
つぼみが
赤い花が咲きまし
たくさん咲いて
うれしかった
「花」は主語
「咲いた」は述語
これに飾りがついて
文ができます
こうしたことを
意識するだけで
子どもの論理力は
飛躍的に
高まります
詳しく説明
しましょう

今までの説明で、国語は論理的な教科だということがお分かりになったかと思います。さらには、国語を学習することによって、すべての教科の土台となり、生涯の武器となる論理力を獲得することが、子どもの学力にとっていかに大切なことかも。

そこで、本章ではその論理について説明していきます。これは本書の中核となるものです。

16

言葉はすでに論理である

言葉を使わずに何かを考えてみてください。

…………

そのとたん、私たちは混沌とした世界に投げ出されてしまいます。それをカオス（混沌）というのですが、言葉がなければ、私たちは何も考えることができず、ぼんやりとした世界、すべてが連続して分けることができない世界に立ちすくむことになります。

私たちは**言葉を使ってものを考えている**のです。

たとえば、犬や猫は「死」について考えることができません。「死」という言葉を持たないので、自分が死ぬことも知らないのです。それゆえ、死の恐怖もなければ、いかに生きるべきかを考えることもしません。気がついたら死んでいるのですから、ある意味では幸福だと言えるかもしれません。

人間だけが「死」という言葉を持ってしまったのです。その結果、私たちは「死」から顔を背けることができなくなりました。たえず「死」を意識し、死後のことも考えます。さらに、「死」という言葉があるから、その対極にある「生」を考えるのです。人生の意味を考え、いかに生きるべきかを思考します。

まさに「言葉」が思考を生み、そこから哲学や宗教・文学が生まれたのです。

では、感性と言葉はどのような関係でしょうか。

言葉を使わずに何かを感じてみてください。

…………

そのとたん、私たちはやはりカオスの中に投げ出されてしまいます。

たとえば、暑い日であっても、犬や猫は今日は暑いと思うことはできません。もちろん、神経があるので、暑いと感じることはあっても、それを暑いと認識することはできないのです。なぜなら、犬や猫は言葉を持たないからです。彼らはカオスの中に生まれて、カオスのまま死んでいくだけです。感性も実は言葉と密接な関係があったのです。人間は言葉で考え、言葉で感じるのです。

そこが人間と他の動物との決定的な違いなのです。

つまり、人間だけが言葉で世界を整理し、カオスから抜け出すことができたのです。

今の教育に欠けている「言葉の使い方」

言葉で世界を整理すること。

論理も感性もすべてはそこから出発します。それならば、子どものうちからそういった言葉による世界の整理の仕方を教えていくことが何よりも大切なのです。

では、私たちは言葉でどのように世界を整理するのでしょうか？

先ほどの例で言うなら、私たちは数多くの人間の共通の現象を抜き取り、それを「死」と名付けました。

共通点を抜き取ることを、抽象といいます。

そして、その抽象から、自分もやがて死ぬだろうと、具体的に自分の死について考えます。「自分だけの固有の死」が具体ならば、「みんなの死」が抽象です。

この抽象と具体の間を行き来するのが、**「イコールの関係」**です。そして、その対極である「生」について考えた時、**「対立関係」**が生まれます。まさに「死」という言葉そのものがすでに「イコールの関係」「対立関係」という論理を含んでいるのです。

そして、人間の思考は連続したものだから、たとえば、「人間は死ぬから、青春ははかない」とか、「人間は死ぬから、一瞬一瞬を大切にしよう」など、**「因果関係」**を用いて思考を先に進めていくのです。

子どもの頃から一つ一つ言葉を覚えていくのですが、ただ言葉を記憶することと、一つ一つの言葉の使い方、世界の整理の仕方を理解するのとでは、頭の使い方がまるっきり異なっていくのです。

論理的思考は言葉の使い方です。今の教育にはそういった視点が決定的に欠けているのです。

17 感情語と論理語

言葉には自然言語と、数字・記号・コンピュータ言語のような人工言語があります。その自然言語は大きく感情語と論理語とに分けることができます。

実は犬や猫も言語を持っています。餌をねだる時、甘える時、威嚇する時に、ワンとかニャンというのも立派な言語なのです。ただし、それらは言葉で世界を整理するものではなく、自分の意志や欲求を伝達するもので、それらはもともと肉体にこもったものを声にしているにすぎません。

そうした言葉を感情語と言います。

赤ちゃんが泣くのと同じで、何も悲しいから泣くのではなく、抱っこして欲しい、ミルクが欲しい、おしめを替えて欲しいなど、自分の意志や欲求を泣くことによって伝達しようとするのですから、やはり感情語と言っていいでしょう。
この感情語には二つの大きな特質があります。

感情語　①先天的なもの　②他者意識がない

赤ちゃんが泣くのも、犬や猫が鳴くのも、学習や訓練によって習得したものではありません。生まれながらに持っているもので、それを種特有の声にしているだけです。そして、感情語は他者意識を前提としたものではありません。赤ちゃんは泣けば誰かが自分の欲求や不満を察して、それを解消してくれると思っています。誰も何もしてくれなかったなら、赤ちゃんはむずかるか泣き寝入りをするしかありません。

自分の欲求や不満を他者に対して分かりやすく説明しようとする意志などまったく持っていないのです。

それに対して、**論理語は世界や情報を論理的に整理するための言葉**です。もちろん、これらは生まれながらに持っているものではなく、**後天的に学習・訓練によって習得すべきもの**です。

さらには、お互いに相手を簡単には理解できないから、せめて言葉の共通の規則を使って伝え合おうとするのが論理語です。他者意識が前提ですから、感情語とは対極的な言語と言えるでしょう。

論理語 ①後天的 ②他者意識が前提

さて、赤ちゃんが泣くのが感情語だと言いましたが、それなら大人の自分たちは感情語など無縁のものだと思った方もいるのではないでしょうか。

実は、現代では子どもはおろか、大人まで感情語を使うことが多くなりました。

「ムカつく」「ヤバイ」「ウザい」「ビミョウ」、これらはすべて感情語と言っていいでしょう。

たとえば、「ムカつく」ですが、こうした言葉を吐くのは自分の胸中に不満、不快が渦巻いている時です。しかし、それを誰かに分かりやすく説明することができません。いわば、赤ちゃんが泣くのと同じで、今自分は不満・不快を抱いている。だから、誰かそれを察して解消してくれという言葉なのです。

誰もそれを解消してくれなければ、突然キレるか、引きこもるしかなくなります。

感情語では情報を整理できない

もちろん、感情語を一切使ってはいけないと言っているわけではありません。「ムカつく」と言ったなら、自分の不満の要因がどこにあるのか、それをどうすれば解消できるのか、そのためには相手に何を期待しているのか、それを誰にでも分かるように説明することが必要です。そのためには論理語を駆使して、論理という共通の約束の下に言葉を使わなければならないのです。

感情語ではカオスである情報を整理することができません。カオスのまま、それを

「ムカつく」「ウザい」と言葉を発したところで、相手はあなたの不快を投げつけられただけで、何の解決にもならないのです。

18

論理力は頭の良い悪いではない

論理は言葉の最低限の規則に従った使い方だと言ってもいいのです。このことは子どもの教育にとって、ある意味では革命的な捉え方なのです。それはなぜか？

一つは能力の問題です。

私たちはよく「うちの子は頭が悪いから駄目だ」などと言うことがあります。この言葉は子どもにとって全面的な否定につながります。もちろん、一人ひとり異なる遺伝子を持って生まれてきたわけですから、様々な能力に個人差があるのは当然のことです。しかし、これは必ずしも能力の優劣ではなく、子どもの個性と捉えるべきなのです。

一方、論理力は言葉の使い方ですから、生まれながらの遺伝子とは決定的に異なります。

なぜなら、頭の良い悪いは先天的かもしれませんが、**言葉は後天的で、学習・訓練によって習得すべきもの**だからです。論理力がない子どもは、能力の問題ではなく、今までそうした学習・訓練を怠ってきただけなのです。

そして、学習において、人生において、本当に役に立つのは生まれながらの頭の良さではなく、論理力に他なりません。

19 論理力は習熟できるかどうか

もう一つ大切なことは、論理力は言葉の使い方である限り、**理解する・記憶するだけではなく、習熟しなければ何の意味もない**ということです。今の教育にはこの観点が大きく抜け落ちています。

私たちは食事の時、箸の持ち方を意識することはありません。自転車に乗る時、運転の仕方を気にすることもありません。すべて身体が自然に動いていくはずです。

それと同じように、言葉も習熟することによって初めて使いこなすことができるのです。私たちは話をする時、一つ一つ日本語の使い方を意識してはいません。無意識のうちに日本語を使っているはずです。外国語の習得が困難なのは、日本国内ではそれを習熟する環境が乏しいからに他なりません。

子どもはすでに何となくといった、日本語の使い方に習熟してしまっているのです。それを変えるためには、まず徹底的に日本語の規則、論理を意識する必要があります。その上で、それを習熟するまで、徹底的に訓練することが大切です。

逆に、まだ言葉をそれほど習熟していない幼児、小学校低学年ならば、最初から論理的に言葉を与えていけば、その後の学習効果は見違えるほどです。**論理を教えるには、年齢が低いほど効果的であり、しかも、楽に習得できるのです。**

20

一文は要点と飾りでできている

さて、ここからは論理の基本を説明していきましょう。

私たちは言葉を並列的に捉えがちですが、言葉は**要点となる大切な部分**と、それを説明する**飾りの部分**とで成り立っています。

そのことを意識することが、論理力習得の第一歩です。

たとえば、あなたが花の種を鉢にまき、芽が出て花が咲くのを楽しみに、毎日水をやり続けたとします。

ある朝、気が付くと花がそっと、かわいい花を咲かせていました。

そのことを人に伝えようと、あなたは、

「花が咲いた」

と言ったとしましょう。

しかし、これではあなたが伝えたいことを、何一つ表現できていないのです。「花が」は、世界中の花の共通するものを指しているだけで、今目の前にあり、あなたが毎日水をやり続けたたったひとつの花を表しているわけではありません。「咲いた」も世界中の花の共通の咲き方を表したにすぎず、要は「花が咲いた」は世界中の花の共通的なものが、世界中の花の共通の咲き方をした、ということを表現したにすぎないのです。

そこで、「花」、「咲いた」に説明の言葉が必要となります。たとえば、「私が一か月前に種を購入して、毎日咲くのを楽しみに水をやっていた花が、小鳥が小首を持ち上げるような様子で、そっと咲いた」。

しかし、**一文の要点はあくまで「花が」「咲いた」であり、これが主語と述語に他ならないのです。**

要点を明確に示す

一文は要点となる主語と述語、あるいは目的語と、それらを飾る言葉とで成り立っています。そのことを意識するだけで、子どもの国語力、論理力は飛躍的に高まります。

国語の設問の大半は傍線部を説明する問題です。どんなに複雑な傍線部であっても、要点さえつかんでしまえば、誤読する可能性はほとんどありません。

ところが、大抵の子どもたちは傍線部の文をただ漠然と眺めているだけなのです。要点と飾りを意識することがなければ、文章が長くなるほど頭の中はごちゃごちゃしていきます。

文章を並列的に読むと、言葉の数だけ情報があるので、長文になればなるほど、頭の中が膨大な情報でふくれあがって、とても整理できなくなります。しかし、どんなに長い文章でも、要点となる箇所はわずかです。論理を追って、その要点となる箇所を速く正確に読み取ればいいのです。そのためには、まず一文の要点である主語と述語を意識します。

文を書く時でも同じで、要点となる言葉を意識することによって、主語と述語がねじれた文を書くことがなくなります。正確な文章を書くことができるようになるだけでなく、将来、英語や古文を日本語訳する時でも、要点がしっかりとした、正確な文を作成することが自然にできるのです。

英語の学習にも効果的です。英語でも最初に基本文型のSVOを学習します。主語と述語、目的語など、まず要点を明確に示し、後から不定詞、関係代名詞、修飾語などで飾るのが英語の文の構造ですから。

このように**子どもの時から、一文の要点を意識することによって、文章の読み方、書き方、そして、頭の使い方が徐々に変わっていくのです。**

21

芥川龍之介『蜘蛛の糸』を読む

「ある日の事でございます。御釈迦様は極楽の蓮池のふちを、独りでぶらぶら御歩きになっていらっしゃいました。❶池の中に咲いている蓮の花は、みんな玉のように真っ白で、そのまん中にある金色の蕊からは、何とも云えない好い匂いが、絶間なくあたりへ溢れて居ります。極楽は丁度朝なのでございましょう。

❷やがて御釈迦様はその池のふちに御佇みになって、水の面を蔽っている蓮の葉の間から、ふと下の容子を御覧になりました。❸この極楽の蓮池の下は、丁度地獄の底に当って居りますから、水晶のような水を透き徹して、三途の河や針の山の景色が、丁度覗き眼鏡を見るように、はっきりと見えるのでございます。」

例をあげましょう。右は芥川龍之介『蜘蛛の糸』の冒頭です。

非常に飾りの多い文章ですね。

特に❶〜❸は一文が長く、子どもにとっては読みにくい文となっています。そこで、**主語と述語、目的語を抜き取ってみましょう。**

❶花は真っ白で、匂いが溢れて居ります。
❷御釈迦様は御佇みになって、容子（様子）をご覧になりました。
❸景色が、はっきりと見えるのでございます。

どれも敬語表現を駆使した文なので、今度はこれをとってみましょう。

❶花は真っ白で、匂いが溢れている。
❷御釈迦様は佇んで、容子を見た。
❸景色がはっきりと見える。

これでかなり分かりやすい文となりました。芥川の文体はいかに修飾が多いかが分かると思います。

次に、**足りない言葉を補って、もう少し細部まで分かるようにしましょう。**

❶池に咲いている花は真っ白で、蕊からは好い匂いが溢れている。
❷御釈迦様は池のふちに佇んで、下の容子を見た。
❸三途の河や針の山の景色がはっきりと見える。

このように**一文は主語と述語、目的語といった要点と、それを説明する飾りの部分からできている**ということが分かります。これらを意識すると、複雑な文から単純な文、あるいは逆に単純な文から複雑な文へと自在に書き換えることができます。

このことが文章の読解や文を作成をするときに威力を発揮するのは明らかだと思います。

22 主張は抽象、表現は具体

一文が要点と飾りから成り立っているように、まとまった文章においても同じ構造を持っていることを意識することが必要です。そのことで論理的な思考が初めて可能になるのです。

物語文、小説などの文学的文章はさておき、論理的な文章には必ず筆者の主張があります。主張がなければ、わざわざ文章を書いて、不特定多数の読み手に伝えようとはしないはずです。

そして、国語の設問の多くはこの主張を読み取ったかどうかを試すものです。なぜなら、主張は文章の要点となるからです。そのためには、抽象と具体という概念を理解しなければなりません。

抽象とは、共通点を抜き取ることで、具体はその対立概念です。

たとえば、

はさみ・消しゴム・定規・鉛筆（具体）→文房具（抽象）
野球・サッカー・相撲・ゴルフ（具体）→スポーツ（抽象）

となります。

ただし、何が抽象で、何が具体かというのは、**相対的**なものとなります。たとえば、「日本人」は「太郎君」に対して抽象ですが、「人間」に対しては具体となります。

抽象と具体を見分ける

一文の要点は主語と述語ですが、主語となる言葉は品詞で言えば名詞です。名詞は固有名詞を除いて、基本的には抽象概念なのです。述語も基本的には抽象なので、文を作成する時は、具体的な説明をつけることによって、表現したいことを固定化することができるのです。

それと同じ構図がまとまった文章にも見られます。

筆者の主張は抽象、それを説明する**飾りの部分は具体的な表現**となります。そこで、**抽象と具体を見分ける訓練が、時間内に文章の要点を読み取るには有効**となるのです。

もう少し丁寧に説明しましょう。

活字となった文章は、誰を読み手として想定しているでしょうか？　もちろん、読み手が多ければ多いほどいいわけで、**筆者はおのずと不特定多数の読者に対して文章を書くことになります。**

そこで、**筆者の主張は抽象度が高いほど、より多くの読み手にとって必要な情報となる**のです。

一方、抽象的な主張は論証責任を伴います。言いっ放しは誰も信用してくれません。そこで、主張を裏付ける具体例を挙げたり、エピソードを交えたり、引用したりと、論理的に説明することになります。この**説明箇所は、抽象的な主張に対して、より具**

体的な表現となるのです。なぜなら、人は抽象的な議論よりも、自分に身近な話のほうがピンとくるからです。

戦争で世界のどこかで子どもが殺されていると言われても、自分のこととして実感できませんが、今目の前でわが子が殺されようとしているならば、どんな親でも死に物狂いになるはずです。つまり、説明箇所は具体的であればあるほど、より読者に対して説得力のある文章であると言えるのです。

国語の設問は文章の要点を答えるものが圧倒的に多いのですが、普段から抽象か具体かを意識し、より抽象的な箇所に線を引きながら読んでいけば、短時間で正確に答えを見つけ出すことができるのです。

23 三つの論理的関係

論理的な文章とは、筆者が自分の主張を論理的に説明したものです。そこで、次に、論理的な説明の仕方を理解しなければなりません。これも決して難しいものではありません。

基本的にはたった三つの規則、つまり、**論理的関係さえ理解できれば十分**なのです。

「イコールの関係」
「対立関係」
「因果関係」

この三つの論理的関係を身につければ、幼児期から大学受験、いや、大学での卒論制作から社会人になってまでも、論理力を自在に使いこなすことができるのです。
では、この三つの論理的関係を簡単に説明していきましょう。

［イコールの関係］

筆者の主張には具体例やエピソードなど、論証責任が伴うことはすでに説明したとおりです。

この時、筆者の主張（A）と、具体例・エピソード・引用（A´）との間には、「イコールの関係」が成り立ちます。

なぜなら、具体例は筆者の主張を裏付けるものであるし、エピソードも主張を分かりやすくするための例であるし、引用文も主張と同じ内容のものだからなのです。

筆者の主張（A）＝具体例・エピソード・引用（A´）
そして、
筆者の主張（抽象）＝具体例・エピソード・引用（具体）

これが「イコールの関係」を表す法則です。そして、論理的な文章がこのような構造を持つ限り、「イコールの関係」は文章の読解や設問の解法に威力を発揮するのです。

（例題） 次の文章の要点を四〇字以内（句読点をふくむ）で書きなさい。

小学生の3割の視力が一・〇未満で低下が進んでいることが、文部科学省が発表した学校保健統計調査（速報値）でわかりました。

文科省は「スマートフォン、パソコン、電子ゲームなどが広まり、近くでものを見る機会が増えていることが一つの要因かもしれない」と言います。

一方、虫歯のある小学生の割合は減っています。「小さいころから歯科検診することや食後の歯磨きの習慣が広まっているためではないか」とみています。

（論理文章能力検定より）

この文章を漠然と、あるいはすべての言葉を並列的に読んではいけません。**論理的な文章は筆者の主張と論証部分から成り立っています。**

この文章は前半と後半に分けることができます。なぜなら、前半と後半で、それぞれの主張が異なるからです。そこで、これらの主張をまとめれば、要約文が完成します。

「小学生の3割の視力低下が進んでいる」が前半の主張。「一・〇未満」は具体的説明であり、「文部科学省が発表した学校保健統計調査（速報値）でわかりました」も補足的説明であって、要点ではありません。

後半の主張は「虫歯のある小学生の割合は減っています」で、『「小さいころから歯科検診することや食後の歯磨きの習慣が広まっているためではないか」とみています』は、「」（かぎかっこ）がついていることから、主張の理由となる箇所の引用だと分かります。

（解答）小学生の3割の視力低下が進む一方、虫歯の割合は減っていることがわかった。

［対立関係］

筆者の主張を筋道立てて説明する方法には、もう一つ**「対立関係」**があります。

私たちは混沌（カオス）とした情報を言葉で整理することによって、他の動物とは決定的に異なる、「人間」であることが可能になりました。

「空と大地」「空と海」「男と女」「上と下」「白と黒」「神と悪魔」「正義と悪」「好きと嫌い」など、すべて**「対立関係」を使って世界を理解しているの**です。そうである限り、論理的文章もやはり筆者の主張を対立関係を使って説明することになります。

「対立関係」の中で特に重要なのは、**「対比」**です。対比とは主張と対立するものと比べることにより、その主張をより鮮明にする手法です。日本について述べたければ、西洋と比べればいいし、現代について述べたければ、過去と比べればいいのです。

では、そのことを頭に置いて、簡単な例題を解いてみましょう。

（例題）（　１　）（　２　）にあてはまる接続語をあとのア〜カから選んで、記号で答えなさい。

生活はお金で買うことができる。（　１　）、幸福をお金で買うことだけはできない。（　２　）、幸福とは、職業や生活のことではなくて、心のことだからだ。心が幸福になるのでなければ、人が幸福になることはできないからだ。

ア　そして　　イ　しかし　　ウ　だから　　エ　たとえば

オ　さて　　カ　なぜなら

（論理文章能力検定より）

接続語は文と文、語句とをつなげる言葉ですが、その接続語に様々なものがあるのは、文と文との論理的関係によって使い分けをしているからです。

（1）空所前後の文の論理的関係を考えます。直前の文は「生活」についてで、直後

の文は「幸福」についてです。そして、

生活＝お金で買える

幸福＝お金で買えない

と「対立関係」になっていることが分かります。そこで、逆接の**イ**「しかし」が答えとなります。

（2）次に「幸福をお金で買うことだけはできない」という主張の理由を挙げなければなりません。空所直後がそれで、末尾に理由を表す「〜からだ」とあることからも、**カ**「なぜなら」が答えと分かります。

（解答）（1）イ　（2）カ

［因果関係］

私たちの思考は絶えず連続しています。その時、私たちは無意識にも因果関係を使っているのです。たとえば、雨が降っているとします。すると、私たちは「傘をさそう」とか、「雨宿りをしよう」と考えます。この時、雨が降っている。**だから、**傘をさそう。

と考えるのですが、この「だから」が「因果関係」を表す言葉です。

この時、「雨が降っている」が原因・理由であり、「傘をさそう」が結果、そして、最終結論です。

実は、**国語の設問で数多く出題されるのが、理由を求める問題です。**この時、「だから」「したがって」があれば、その直前が該当箇所だと分かります。

（例題）次の文章が正しくつながるように、（　1　）〜（　4　）に入る文をあとのア〜エから選び、それぞれ記号で答えなさい。

大型の草食動物は、（　1　）。だから（　2　）、だから（　3　）、だから（　4　）、だから睡眠時間が短くなってしまいます。

ア　ひまな時間が少なくなります。

イ 大量に草を食べ続けます。
ウ 食事に多大な時間がかかります。
エ かなりの量を食べなければ体がもちません。

（「論理エンジン」より）

大型の草食動物の睡眠時間が短い理由を説明した文章です。**因果関係を示す「だから」に着目して、後ろから順次検討していきます。**

「だから」の直前が理由となります。

「睡眠時間が短くなってしまいます」の理由は、ア「ひまな時間が少なくなります」で、その理由は、ウ「食事に多大な時間がかかります」で、その理由が、イ「大量に草を食べ続けます」で、その理由が、エ「かなりの量を食べなければ体がもちません」となります。

欧米では主張に対して必ず理由付けをします。**因果関係は、「AだからB」**という

形をとるのですが、**理由付けは「AなぜならB」**となります。この時、

因果関係　A（理由）だからB（結論）
理由付け　A（結論）なぜならB（理由）

と、順番が逆転することに注意してください。

子どもの頃から、主張に対して、理由を付け加える習慣を身につけることが大切です。そこで普段から、必ず子どもに「どうして？」と理由を聞くようにしてください。

この因果関係を意識すると、正確な要約を書いたり、「AだからB」のBが結論ですから、趣旨を読み取ったりすることができるようになります。

（例題）次の文の要点をまとめると、（　1　）～（　3　）にはどんな言葉が

入るか、文中からぬき出しなさい。

インターネットラジオなど、音から入ってくる言葉は自分が注意して聞こうと思わなければなかなか頭に入ってこないが、テレビはつけっぱなしにして、受け身の態度で見ることが多い。だから、テレビばかりを見ていると、自分で考えるということをしなくなる危険性がある。

【要点】

テレビは（ 1 ）の態度で見ることが多いので、（ 2 ）ことをしなくなる（ 3 ）がある。

（論理文章能力検定より）

二文から成り立つ文章です。後半の文の冒頭に「だから」があることに着目します。「AだからB」の論理パターンですから、A「テレビは受け身の態度で見る」→（だから）Ｂ「自分で考えることをしなくなる危険性がある」と、二文の要点をそれぞれ読み取ればいいのです。

（解答）（１）受け身　（２）自分で考える　（３）危険性

このように**三つの論理的関係を駆使することで、文章を早く正確に読むことも、設問を論理的に解くことも、さらには論理的な文章を書くことも可能になるのです。**

こうした論理を頭に置かずに、いくら文章を読んだり、設問を解いたり、文を作成したところで、結局が行き当たりばったりで、まさに「習うより慣れよ」の世界に陥ってしまうのです。

要点と飾りの峻別、そして「イコールの関係」「対立関係」「因果関係」、この三つの論理的関係は第４章以降の「新しい国語」においても基幹となる考え方なので、十分な理解が必要です。

逆に言えば、これだけの論理の法則が分かれば、あらゆるものに応用できるのです。

第3章　新しい論理的思考・まとめ

私たちは言葉を使ってものを考えている。

（言葉がなかったら思考は生まれず、文化・学問も生まれない）

↓（だから）

◯言葉の使い方を学び、言葉で世界を整理する。

→（これが）論理的思考（今の学校教育に欠けている）

（言葉には）**感情語と論理語がある。**

感情語→先天的であり、他者を意識していない（赤ちゃん語、動物語）

→感情語では情報（世界）を整理することができない。

（それに対して）

論理語→後天的で学んで身につけるもので、他者を意識するもの。

→論理語を使い（論理的に書く）、不特定の他者に意志や主張を伝える。

「論理の基本」

◎一文は「要点（主語・述語・目的語）」を明確に見抜く、書く。

◎要点は「抽象」、それを説明する「飾り」は具体的。

◎3つの論理的関係（イコール・対立・因果）を理解する。

①イコールの関係：主張（要点）＝具体的な説明

②対立関係（対比）：主張と対立するものを持ってきて主張を鮮明にする。

③因果関係：原因・理由を示し、結論を導く。

☞この3つの論理的関係が理解できれば十分。

第4章 幼児から小学校で学ばせる国語

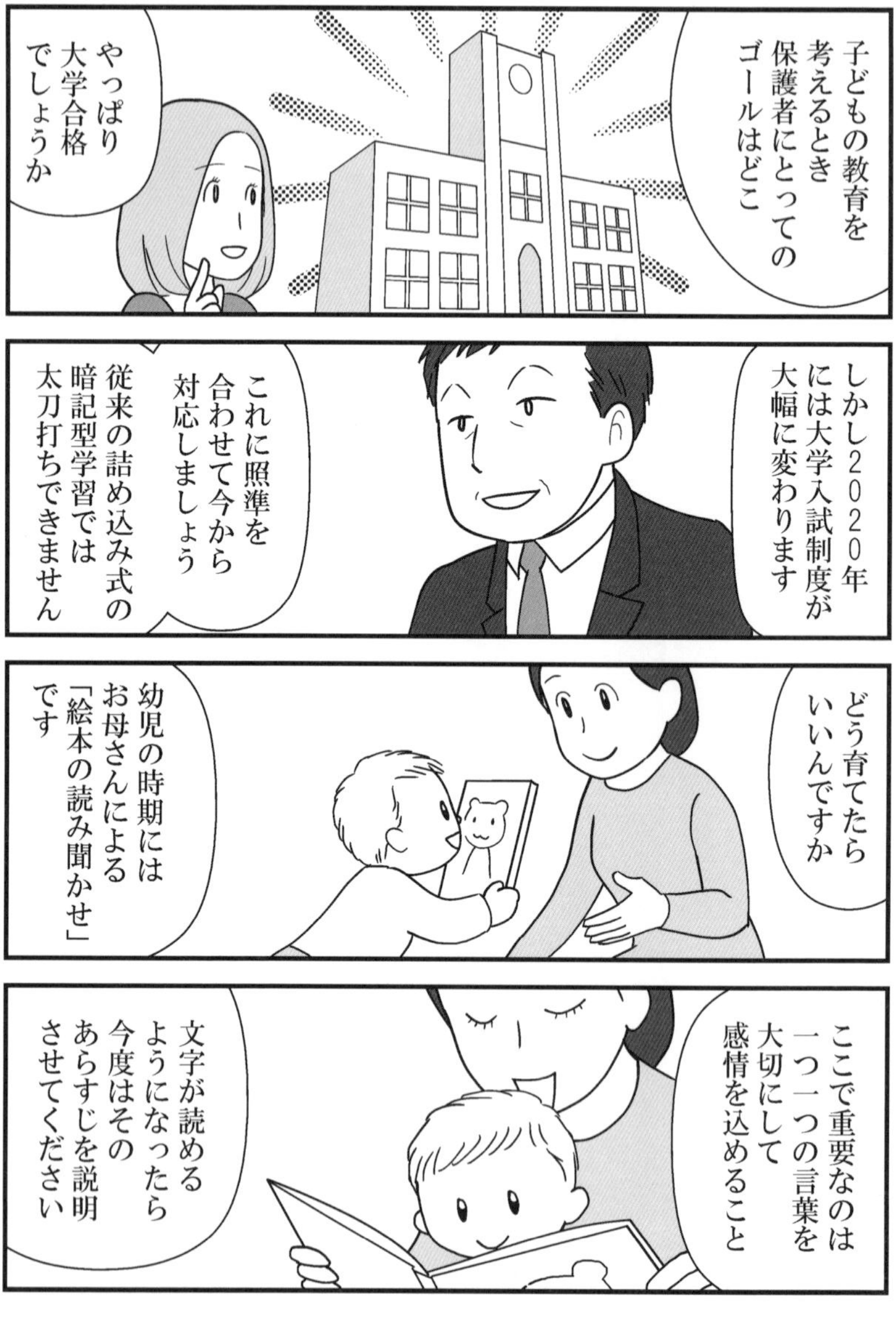
子どもの教育を考えるとき保護者にとってのゴールはどこ
やっぱり大学合格でしょうか
しかし2020年には大学入試制度が大幅に変わります
これに照準を合わせて今から対応しましょう
従来の詰め込み式の暗記型学習では太刀打ちできません
どう育てたらいいんですか
幼児の時期にはお母さんによる「絵本の読み聞かせ」です
ここで重要なのは一つ一つの言葉を大切にして感情を込めること
文字が読めるようになったら今度はあらすじを説明させてください

説明させる?
「どんなおはなしだったの?」でいいでしょう
おそらく子どもはうまく説明できず単語を並べるだけでしょう
そこで「いつ?」「だれが?」「どこで?」などと問いかけるのです
?
!
次第にどう話せば相手が分かってくれるのかを理解していきます
次の段階はゲーム感覚でできる「論理トーク」が効果的です
まだ文法的知識がない子どもに論理的思考の基礎を習得させる方法です
そして「文章の論理的読解」さらに「論理的な文の作成」というようにステップアップしていきます
これから具体的に説明しましょう

24 ゴールイメージを持て

子どもの教育を考える際、ゴールイメージを明確に持つことが必要となります。実際、二〇二〇年には大学入試制度が大幅に変わるので、それに対応させなければなりません。さらには文科省の方向も、国際的にもクリティカルな思考を重視することが求められていきます。

私たちはこれから未知の時代へと船をこぎ出していくわけで、そのために必要とされる学力もすでに説明したとおり、従来のものとは大きく異なります。

そのために、幼児・小学生の頃からどのような学力を、どのような方法で体系的に習得させるのか、それを明らかにした上で学習をスタートさせなければなりません。

まず、幼児の頃は文字より先に、音から言葉の世界に触れていくことになります。

そこで、**母親による「絵本の読み聞かせ」**が重要になってきます。

さらにはまだ文字に十分慣れる前に論理を習得させるために、**「論理トーク」**を本書では提案します。まず母親や先生との会話の中で、論理の基礎を学ぶことが有効です。

そうした下地の上で、次に漢字の学習を行います。ただし、この漢字の学習もただひたすら書いて記憶するという棒暗記ではなく、**漢字を言語として捉え、さらには論理力を習得するためのものとして学習するのです。**

さらに一文の論理構造を理解し、一文と一文の論理的関係、まとまった短い文章の論理的読解、こうした学習を通して、子どものうちから論理の基本を学んでいきます。この論理力が将来クリティカルな思考を要請するためにも必要不可欠なのです。

ここまでが幼児から小学校低学年までに必要な学習です。

こうした論理力を土台として、小学校の中・高学年から中学校にかけて、様々な論理的な力を養成していきます。これらを図にまとめると、次のようになります。

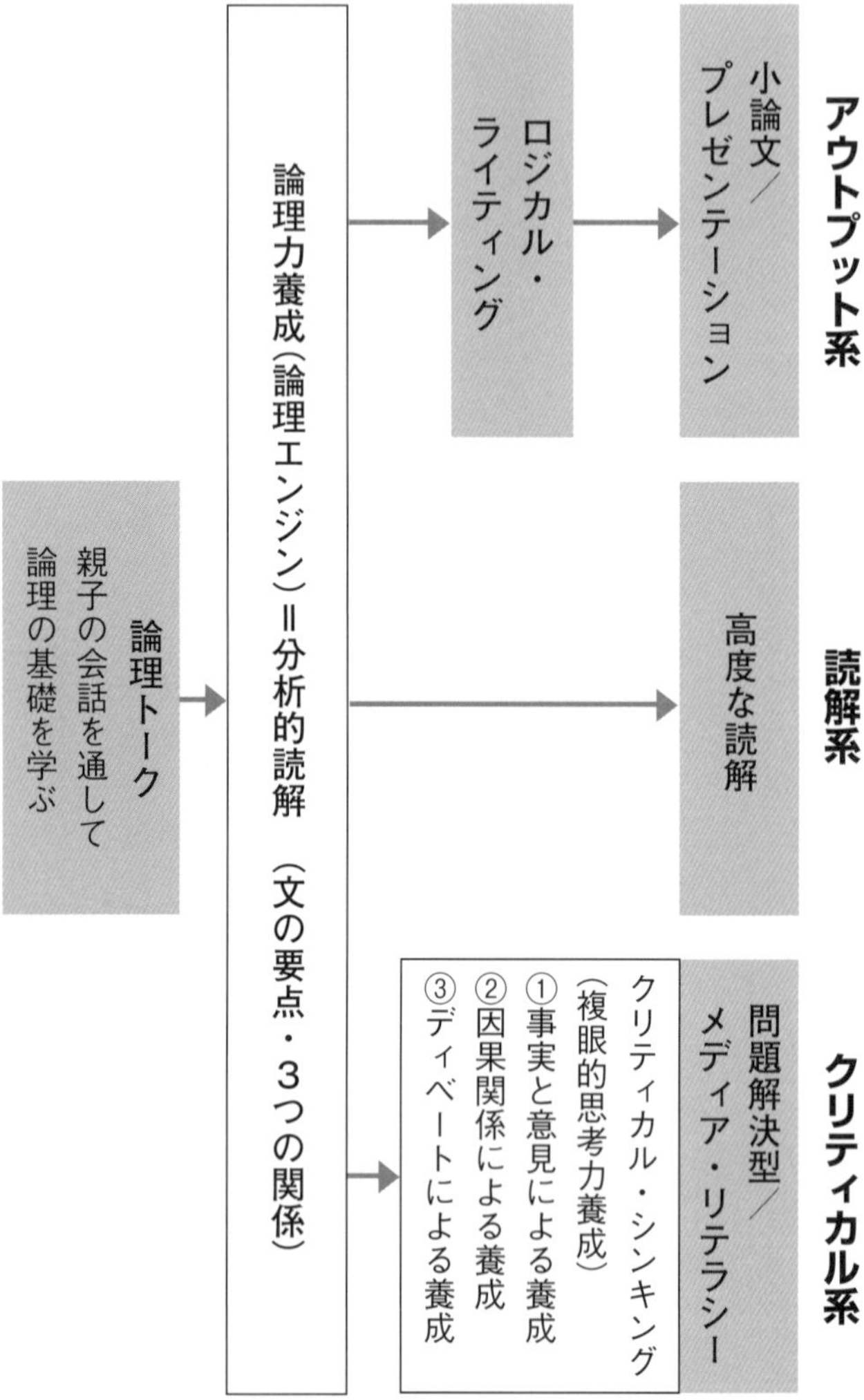
アウトプット系
小論文／プレゼンテーション
ロジカル・ライティング
読解系
高度な読解
クリティカル系
問題解決型／メディア・リテラシー
クリティカル・シンキング（複眼的思考力養成）
①事実と意見による養成
②因果関係による養成
③ディベートによる養成
論理力養成（論理エンジン）＝分析的読解　（文の要点・3つの関係）
論理トーク
親子の会話を通して論理の基礎を学ぶ

ここでは大ざっぱに全体像を把握しておくことに留めておきましょう。

すべての土台は論理力です。幼児・小学校低学年の頃は「論理トーク」で、論理的な言葉の使い方を習得します。

その上で、徐々に文章を論理的に読解・分析することによって、より高度な論理力を鍛えます。

こうした論理力を土台に、学習のゴールイメージとしては、「読解系」「アウトプット系」「クリティカル系」と分けて考えます。

土台は「論理トーク」

「読解系」は中学校入試・高校入試・大学入試の既存の国語読解問題です。文章を論理的に読解し、設問を論理的に解くことによって、論理力を自在に扱える技術を習得します。

ここで指摘する「読解系」は何も国語の問題に限りません。英文解釈、古文の読解、算数・数学の文章題、理科や社会系の文章題や資料問題なども含みます。これらを論理を意識して、客観的に読んでいく力を養います。

もちろん、読書力も飛躍的に伸びていきます。

「アウトプット系」の中心は「話す」「書く」ことです。

論理を習得することで、分かりやすく話をすることができます。そのことで、当然コミュニケーション能力がアップしてきます。討論会、プレゼンテーションなど、論理的な話し方が評判を高めることでしょう。この論理的に「話す」技術は、将来社会に出てもっとも有効なものの一つとなるはずです。

もう一つが論理的に「書く」技術。まずは国語の記述式問題に対処できる、正確な文章の作成能力。さらにはネット社会における、不特定多数の読み手に向けた論理的な文章。こうしたロジカルライティングの技術を身につけることで、小論文入試、そして、大学での論文作成に威力を発揮します。

「クリティカル系」は新しい大学入試に対応するだけでなく、実社会において様々な問題を解決する能力です。

さらにこのネット社会を生き抜くためのメディア・リテラシーを習得するための能力でもあるのです。

こうしたクリティカル・シンキングを獲得するには、

①「事実と意見による養成」

②「因果関係による養成」

③「ディベートによる養成」

などがあるのですが、こうした将来必要な能力を獲得するには、幼児・小学生の頃からの訓練を欠くことができません。

こうした「読解系」「アウトプット系」「クリティカル系」の能力を獲得することが、いかに普段の学習・受験、そして、社会で活躍するために必要なのかは、少しでも想像力を働かせればお分かりのことと思います。

そして、何よりも大切なことは、これらすべての土台に論理力の習得があるということです。

25

絵本の読み聞かせ

言葉の習得はまず音から、そして、次第に文字へと移行していくのが自然です。特に母親の声から言葉の世界に入っていくことで、子どもの感性を揺さぶることができるのです。

母親の声は実は子どもに多くのことを語ります。温かい声、強い声、悲しい声、繊細な声。たとえば、「ありがとう」という言葉一つとっても、その言葉にどんな気持ちを込めたかで、伝わり方はまるっきり違ったものとなるのです。あなたがプレゼントを買いに行った時、何を買ったらいいのか、相手がどれだけ喜んでくれるか、そういった思いで一日を棒にしてようやくその商品を探し当て、次の日相手にそれを送った時、相手がそっけなく、ただ義務的に「ありがとう」と言ったとしたなら、あなたはどんな気持ちになるでしょうか。

同じ「ありがとう」でも、そのプレゼントをあげた瞬間、喜びや感謝の気持ちを思いっきり込めた「ありがとう」だったとしたなら、あなたは一日を潰してプレゼントを買いに行ってよかったと心から思うでしょう。声にはそれほどの力があるのです。

そうした母親の声で絵本を読むことは、子どもの感情を自在に揺さぶることができるのです。まだ本を読むのが困難な幼少期は、母親による絵本の読み聞かせが非常に有効なのです。

大切なことは、**言葉に情感を込めること**。同じ絵本でも、母親の声一つで、子どもたちはワクワクしたり、ドキドキしたり、怖がったり、悲しんだりするものです。だからこそ、一つ一つの言葉を大切にして、気持ちを込めて読み聞かせてください。**言葉の世界に触れることで、子どもたちは自分の身の回りの枠を超えたものにしだいに関心を抱くようになります。**

もう一つ大切なことは、絵本を読み聞かせる時に、**絶えず子どもに問いかけること**です。もちろん、面白かったか、好きかといった漠然とした感想を聞くのもいいのですが、できるだけ具体的な問いかけを行ってください。

絵本の多くは現実の世界ではありません。お伽噺《とぎばなし》では、時にはお姫様になったり、人間でないものになったりします。そうした疑似体験を通して、子どもは様々なことを学んでいきます。たとえば、

「あなたがお姫様だったら、どうする？」

と問いかければ、子どもは自分以外の人間の視点に立ってものを考えることができます。想像力が磨かれるだけでなく、論理力習得にとって最も大切な他者意識が芽生えることのきっかけにもなるのです。

登場人物の行動に対して、

「どうしてこんなことをしたのかしら？」

と問いかけるのも効果的です。この「なぜ？」という問いかけが、論理的思考にとって何よりも重要になってきます。

「好きな登場人物は？」

「印象に残った場面は？」

最初のうちは、きちんとした答えは返ってこないかもしれません。しかし、**問いかけることによって、子どもの脳裏には次第に言葉が生まれてくる**のです。ただし、まだこの時期は言葉で情報を整理する技術に長《た》けていませんので、おそらく感覚的な言葉での答えが返ってくるだけかもしれません。

それでも根気よく問いかけることが重要なのです。

いつも子どもに問いかける

子どもは気に入った絵本を何度も読み返したがります。そのことで、次第に物語を消化し、一つのキーワードだけで、子どもの脳裏に物語の世界が立ち上がるようになります。

そして、言葉を覚え始めたなら、自分が好きで何度も繰り返し母親に読んでもらった絵本を、今度は自分の力で読み取れるようにします。

そうやって、徐々に言葉の世界に入っていくのです。

子どもが少し成長し、物語に触れるようになったなら、今度はそのあらすじを説明

させるようにしてください。

「どんな話だった？」

子どもはそれなりに説明しようとするのですが、もちろん切れ切れの単語を述べるだけでしょう。そこで、今度は母親が5W1Hを意識して問いかけるのです。

「だれが（Who）」「なにを（What）」

「いつ（When）」「どこで（Where）」

「どのように（How）」「どうして（Why）」

特に「いつ？」と聞くのはとても大切です。子どもは大人が思っているほど時間軸の感覚がありません。てっきり今日のことだと聞いていると、実は随分前に起こった出来事だったということがよくあります。

母親が助けることで、子どもは次第にどのように説明すれば相手が分かってくれるかを、少しずつ理解していくのです。

26 論理トーク

まだ就学前の幼児に、一体どのようにして論理を学ばせるのかが大きな課題でした。まだ文法的概念を持たない幼児や、小学校低学年の子どもに対して、論理的思考の基礎を習得させる方法として、私は思考錯誤の末**「論理トーク」**という方法を考えつきました。

「論理トーク」とは、親（指導者）との間で、論理習得のためにする会話のことで、後に具体例を示しますので、それを参照してください。幼児の論理教育は全体として、母親の「絵本の読み聞かせ」→「論理トーク」→「漢字練習」→「文章の論理的読解」→「論理的な文の作成」といった流れが最も自然で、効果的なのです。

つまり、母親の声から入り、しだいに文字へと移行していく流れです。

実際、「論理トーク」の講習に親子で参加してもらったのですが、私が予想した以上の効果が得られました。子どもは難しい理屈から入るよりも、簡単な作業をゲーム感覚で繰り返すことにより、自然と言葉の論理的な使い方を学んでいったのです。何と最後には簡単なディベートまでできるようになったのです。

三つの「論理的関係」を話し言葉から

論理の基礎としては、前述したように、

①イコールの関係
②対立関係
③因果関係

の三つがあります。「論理トーク」は**これらをまず話し言葉として、ゲーム感覚で習得していくのです。つぎにそれを読み・書きという文字へと落とし込んでいきます。**

この時、論理的な関係を示す接続語を使って、親子で問答をしていきます。

イコールの関係は、**「つまり」**と**「たとえば」**。

対立関係は、**「しかし」**と**「それに対して」**。

因果関係は、**「だから」と「なぜなら」**。

こうした接続語を使うことで、次第に子どもでも論理的な頭の使い方を覚えていくようになるのです。

幼児・低学年のうちは、抽象概念の把握が難しく、論理を習得させるのは困難だとされていたのですが、いくつかの簡単な接続語を使うことによって、子どもの頭の使い方が面白いほど変わっていくのです。

（論理トークに関しては、二〇一六年七月に水王舎から『論理トーク・スペシャルブック』として刊行する予定です）

・イコールの関係

前述したように、**具体と抽象の関係**です。ところが、小学校低学年までは、子どもは身の回りの具体的な世界のことしかイメージできません。頭の中に広がる抽象的な概念をなかなか理解できないのです。

そのために、「論理トーク」によって、具体と抽象の関係を繰り返し身体に染み込ませていくのです。

「おさかなといえば、たとえばなに？」

「マグロ、サンマ、メダカです」

これは抽象から具体といった頭の働きです。これを演繹法といいます。

「じどうしゃ、ひこうき、じてんしゃといえばつまりなに？」

「のりものです」

これは具体から抽象といった頭の働きです。これを帰納法といいます。


このように「たとえば」「つまり」を問答に使うことで、演繹と帰納という論理の基礎を自然に身につけていきます。

ここで注意しなければならないのは、子どもが「みんな」という言葉を使った時です。これも「イコールの関係」を表す言葉ですが、本当にそれが「みんな」なのか検討する必要があります。

「このおもちゃ、みんな持っているよ（→だから、自分も欲しい）」と言った時、「みんなって、誰と誰？　具体的に名前を言いなさい」と子どもに釘を刺すのも一つの手です。

・対立関係

「イコールの関係」と同じくらいに大切なのが「対立関係」でした。こうした論理という規則も接続語を使って訓練します。

> 「よるはくらい。それにたいして？」
> 「あさはあかるい」
> この時、「それにたいして」は、反対の意味になる文が続きます。
> 「いっしょうけんめいがんばった。しかし？」
> 「うまくいかなかった。（しっぱいした）」

この時、「しかし」は前の流れを逆転する時に使います。

このように接続語によって、子どもは自然に論理を意識するようになるのです。

・因果関係

論理的な法則の三番目が、因果関係でした。**これは原因→結果をあらわす「だから」と、結果→原因を表す「なぜなら」に分かれます。**

因果関係はクリティカルな思考を養成するために最も大切な論理なので、なるべく幼い時からしっかりと訓練しなければなりません。

「おとうさんはよくたべる。だから？」
「ふとっている」

この時の、「だから」は原因→結果という論理的関係になっています。「だから」の前に原因・理由が来るので、逆に、「ふとっている」→「なぜなら、おとうさんはよくたべるからだ」と、順番を変えることもできます。

ただし、この「だから」の使い方は子どもにとって少し難しいので、ここでは無理をせず、まず「なぜなら」の使い方を徹底して習得するようにしてください。

「論理トーク」からディベートへ

この「論理トーク」は次のように発展させることができます。「希望」や「好意」を問いかけ、さらにその理由を付けさせるのです。


「あなたはおにごっこがすきですか？」

「はい、すきです。なぜなら、はしるのがとくいだからです」

「ばんごはんにかれーがたべたいですか？」

「たべたくありません。なぜなら、からいのがにがてだからです」

「あなたはさんすうがすきですか？」

「はい、なぜなら、けいさんがとくいだからです」

このように「なぜなら」を付けさせることによって、子どもはかなり頭を使わなければならなくなります。なぜなら、自分の希望や好悪を言語化することは、子どもにとってかなりの論理的思考を必要とするからです。

こうした「論理トーク」を訓練することによって、次に、文章を論理を意識して読解し、論理的に文を書くことができるようになります。

・ディベートの基礎

より高度な論理的思考やクリティカルな思考を育成するには、実はディベートがもっとも有効な方法なのです。**自分の立場に固執することなく、自在に視点を変え、論理的に考え、それを表現していく**のですから、かなり高度な能力が必要とされます。しかし、これも訓練次第です。実は、小学校低学年でも「論理トーク」を使えば、簡単なディベートなら可能なのです。

次の「論理トーク」のシートを使って、親子で挑戦してみてください。「イコールの関係」「対立関係」「因果関係」を自然に駆使することになります。

◎論理トークシート

私は小学生が携帯電話を持つことに（　　　　　　　　）です。

その理由は三つあります。

一つ目の理由は（　　　　　　　　　　　　　　）。

二つ目の理由は（　　　　　　　　　　　　　　）。

三つ目の理由は（　　　　　　　　　　　　　　）。

・反対の立場で理由を予想しよう。

一つ目の理由は（　　　　　　　　　　　　　　）。

二つ目の理由は（　　　　　　　　　　　　　　）。

三つ目の理由は（　　　　　　　　　　　　　　）。

・反対の理由に対する意見や質問を考えよう。

一つ目の反論は（　　　　　　　　　　　　　　）。
二つ目の反論は（　　　　　　　　　　　　　　）。
三つ目の反論は（　　　　　　　　　　　　　　）。

答えは何でも構いません。賛成か反対か、それぞれの立場で、しっかりと理由が言えれば合格です。他にも「あなたはお弁当がいいか、給食がいいか」「遠足におやつは必要ですか」など、このシートに従ってトレーニングをさせてみてください。

27

漢字が論理の出発点

文章を論理的に分析する能力が未熟な時期に、まず母親の絵本の読み聞かせにより、言葉で立ち上がる世界を子どもに経験させます。子どもは身体の世界や身近な世界を離れ、自由に想像を羽ばたかせることができるのです。

子どもたちに言葉を与えること。そのことに成功したなら、学校の成績などそれほど気にすることはありません。なぜなら、言葉の習得には個人差が大きいのです。これに先天的な資質と、環境が大きく影響します。ただし、先天的な資質といっても、決して頭の良い悪いではなく、たまたま言葉の習得が早いかどうかという個人差に過ぎません。

そこで、親や先生が手助けをしてあげる必要があります。それが「絵本の読み聞かせ」であり、「論理トーク」なのです。

日常の言語能力だけでは、論理的な頭脳を鍛えることができません。論理は言葉を規則に従って意識的に使わなければならないからです。そのためには、まず母親との問答を通して、論理的な頭の使い方を徐々に訓練していきましょう。

そうした準備の後に、いよいよ文字の習得です。小学校に入学すれば、文章を論理的に読み、論理的に書いていく段階に入っていくのですから。

その時、まずは**漢字の学習**から始めましょう。

漢字といっても、何も考えずひたすら書いて覚えるといった、漢字の読み書きではありません。**漢字を言語として、その意味と使い方を丁寧に学習する**のです。

たとえば、「男」という漢字。

「男」は太郎君、次郎君、三郎君といった個々の人々の共通点を抜き取ったもので、言わば抽象概念です。そして、わざわざ「男」という言葉を使うのは、私たちが「女」を意識しているからです。つまり、「男」という言葉自体に、「イコールの関係」と「対立関係」が孕んでいるのです。

論理は決して難解なものでも、特殊なものでもなく、まさに私たちが日常絶えず使用しているものなのです。

私たちは言葉でカオスである世界を整理したのですが、その時の言葉は決して読み・書きではなく、**意味としての言語**です。

日本語は単独で意味を持つ自立語と、単独で意味を持たない、助動詞・助詞といった付属語でできています。その自立語のうち中心となるのは、主語や目的語となる名詞、述語となる動詞、形容詞、形容動詞、そして、修飾語となる副詞、連体詞で、これらは一部の和語やカタカナ語を除くと、ほとんどが漢字だと言っていいでしょう。

子どもの真っ白な脳にまずは母親が自分の言葉で情報を書きこむのですが、次の段階では、こうして漢字によって子どもの脳に新たな情報が書きこまれていきます。

28

頭が良くなる漢字

私たちは言葉で世界を整理し、言葉で思考します。

その言葉のうち、単独で意味を持つ自立語のほとんどが漢字だと、すでに説明したとおりです。

漢字は読み・書きよりもむしろ意味や使い方こそ大事でした。

次に、漢字を使って、正確な一文を作成します。そのためには主語と述語の関係、言葉のつながり、助動詞・助詞の使い方など、生きた文法を身につけなければなりません。その文法は言葉の規則である限り、論理の第一歩とも言えるのです。

実は、漢字を学習することにより、同時に文脈力を鍛え、生きた文法と論理の基礎を学ぶという、画期的な本が拙著の『頭がよくなる漢字』なのです。

『頭がよくなる漢字』では、小学生配当漢字を一つ一つ、三つのステップで学習します。

例を挙げましょう。
小学四年生で学習する「要」という漢字です。

音読み　ヨウ　訓読み　かなめ
意味　中心となる大切なところ

まずこれだけの情報をしっかりと頭に叩き込みます。

漢字を言葉として理解する

では、次の文の違いが分かるでしょうか？

①　君はチームにとって大切な人だ。
②　君はチームにとって必要な人だ。

「大切な人」「必要な人」、あなたはどちらで言われたほうがうれしいでしょうか？

実は、国語の入試問題で、空欄に入る言葉を選択肢から選ぶ場合、大学受験生でもほとんどが「大切な」と「必要な」の違いを見抜くことはできません。

「大切な人」と言われたら、もちろん評価されているのですが、他にも大切な人がいるかもしれません。それに対して、「必要な」は、「必＝必ず」「要＝かなめ」となるということです。君はチームの中心となる人で、他には代わりがいない人という意味になります。もちろん、こちらのほうがより必要とされているのです。

ただ漢字を闇雲に書いて覚えるようなやり方をしているから、結局漢字を言葉として理解し、適切に使うことができないのです。

それに対し、単漢字の意味を正確に理解し、文脈の中で二字熟語の使い方を訓練すれば、語彙力と文脈力を同時に鍛えることができるのです。

漢字は習得しなければならないものですか、**その習得の仕方一つで、語彙力も言語能力もまったく違ったものとなるのです。**

『頭がよくなる漢字』では、さらに漢字学習で生きた文法力や論理力を鍛えます。

次の例題を見てください。

(1) 言葉を並べて、文を作りましょう。カタカナは漢字に直しなさい。

ロジ裏で　子どもの　私は　遊んだ　ころ　よく

主語　述語

（　　）（　　）（　　）（よく）（　　）（　　）。

◎一文を文節（意味上の最小限の単位）に分けました。

まず主語と述語を決めます。「私は～遊んだ」が一文の要点だと分かります。そこで、主語と述語を（　　）に入れると、

（　　）（　　）私はよく（　　）遊んだ。

一文はこの要点となる言葉に、様々な飾り（説明）の言葉がついているだけです。

「子どもの」↓「ころ」↓「遊んだ」。

「私は」↓「遊んだ」。

「ロジ裏で」→「遊んだ」。

「よく」→「遊んだ」。

と、言葉がつながっているので、次のような構造図を作ることができます。

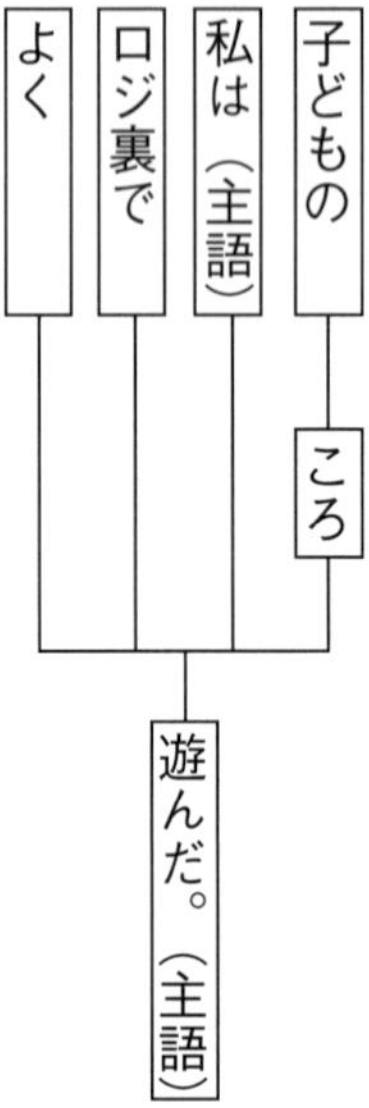

上から下へ読んでいくと、言葉がどのようにつながっているかがよく分かりますね。
こうやって**主語と述語**、**言葉のつながり**など、漢字の学習と同時に、**生きた文法力**を鍛えることができるのです。
（解答）**子どものころ私はよく路地裏で遊んだ。**
では、次の問題はどうでしょう？

（2）言葉を並べて、文を作りましょう。カタカナは漢字に直しなさい。
コウタイし　から　た　つかれ　よう
（　）（　）（　）（　）（　）。

◎（1）では、文節単位で分けたのですが、今度は単語（最小限の単位）で分けました。

単語には単独で意味を持つ自立語と、単独では意味を持たない付属語とがありました。付属語は活用する助動詞と、活用しない助詞ですが、これらは自立語にくっついて文節を作ろうとします。文節が意味上の最小限の単位ですから。

そこで、助動詞・助詞を自立語にくっつけて、まずは文節を作ります。

コウタイし＋よう（助動詞）

つかれ＋た（助動詞）＋から（助詞）

後は（1）と同じ要領で一文を作成すればいいのですが、今回は主語が省略されています。

（2）では、**助動詞・助詞・文節を理解する**練習になります。こうして一文の構成要素を正確に理解し、文法力を文章作成に利用するという、生きた文法が小学生の頃から自然に身につくのです。

（解答）　つかれたから交代しよう。

（3）言葉を並べて、文を作りましょう。カタカナは漢字に直しなさい。

朝　は　だ　日　晴　ら　カイ　か　今

主語　述語

（　）—（　）—（　）（　）（　）（　）（　）—（　）—（　）。

（　）—（　）とあるのは、つながっているという印です。

◎今回は文節、単語単位に分けたのではなく、一文字一文字に分解しました。その結果、**語彙力**が問われる問題となったのです。

まず単語を作成しなければなりません。

今―日　カイ―晴

などが頭に浮かんだなら、正解まであと一歩です。次に、

今日＋は（助詞）　快晴＋だ（助動詞）　朝＋から（助詞）

と文節を作成します。

（解答）今日は朝から快晴だ。

このように『頭がよくなる漢字』では、漢字を学習すると同時に、語彙力を鍛え、生きた文法力を身につけ、正確な文の作成能力を訓練します。

ただ記憶するだけの古い漢字学習から、未来型の漢字学習へと、なるべく早いうちから切り替えていくべきです。

第4章　幼児から小学校で学ばせる国語・まとめ

これから必要とされる学力は大きく変わる。

（では）

幼児・小学生のころからどのように養成するのか。

⇓

①絵本の読み聞かせ

（文字より先に音の世界に触れる。心を込めた母親の声で）

（絶えず子どもに問いかけること）

（本が読めるようになったら、その本のあらすじを説明させる）

↓

②論理トーク

（母親や先生との会話で論理の基礎を学ぶ）

（その上で、漢字を論理力を習得する言語として練習）

（ここからディベートへ発展）

↓

③文章の論理的読解

（一文の論理構造、文と文との関係、短文の読解）

↓

④論理的な文の作成

☞新時代にふさわしい学力を身につける。

第5章 時代はクリティカルな思考へ

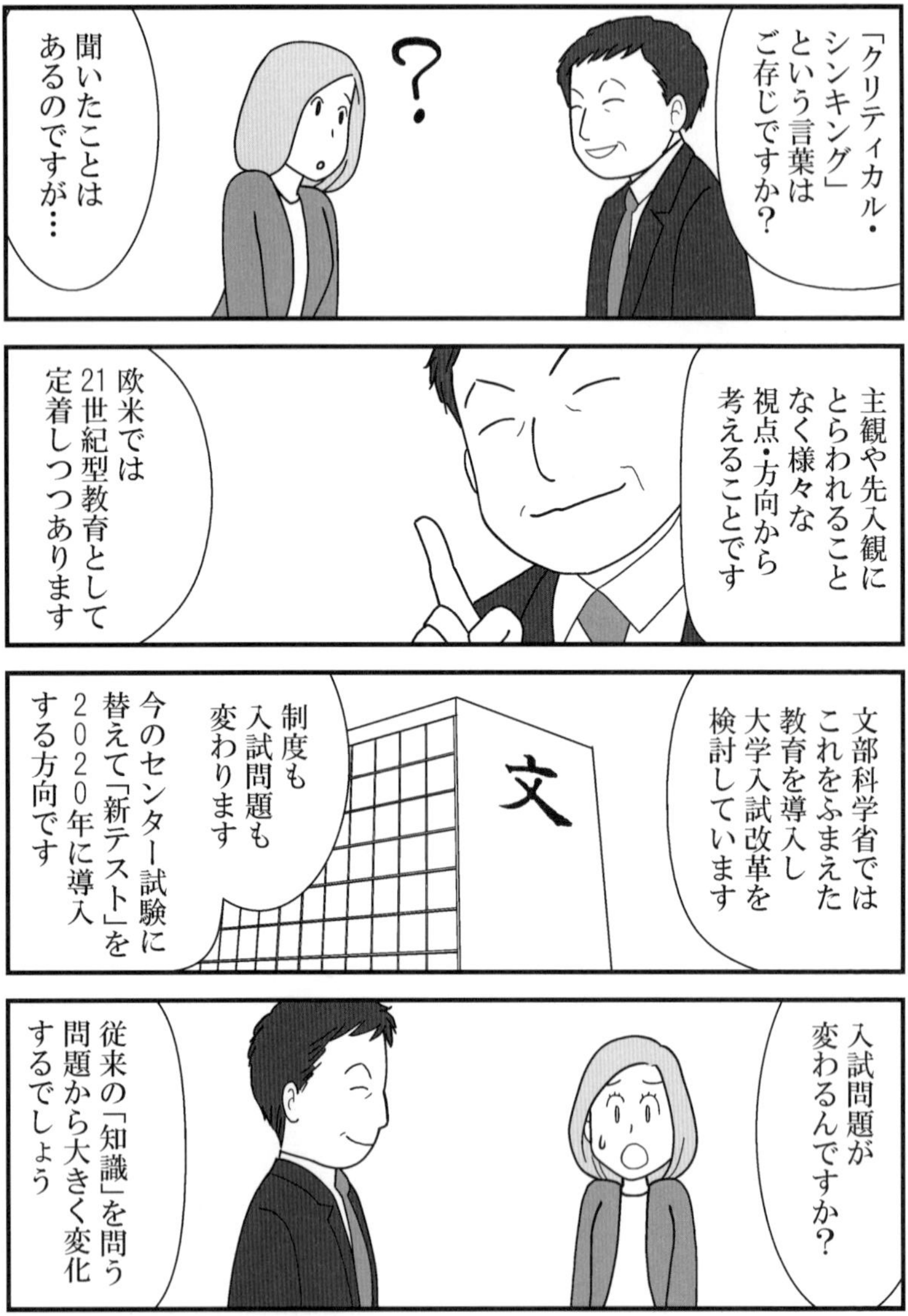

「クリティカル・シンキング」という言葉はご存じですか？
？
聞いたことはあるのですが…
主観や先入観にとらわれることなく様々な視点・方向から考えることです
欧米では21世紀型教育として定着しつつあります
文部科学省ではこれをふまえた教育を導入し大学入試改革を検討しています
文
制度も入試問題も変わります
今のセンター試験に替えて「新テスト」を2020年に導入する方向です
入試問題が変わるんですか？
従来の「知識」を問う問題から大きく変化するでしょう

国語においては「複数の正解がある問題」や「文字数の多い記述式問題」など
今の国語とは違うものになるんですか
日本はいちいち説明しない察してほしいという風土があり
国語は感覚的な教科として捉えられがちで論理力の養成は行われませんでした
欧米では子どもの頃から論理的な教育を行っていますクリティカル・シンキングは論理を武器として実現するものです
どのような学習をしたらよいのかしら
論理的思考はこれからの社会に欠かせないものです
その答えを明らかにするために「新テスト」について分析し必要な対策を考えてみましょう

29

クリティカル・シンキングへ

クリティカル・シンキングは欧米を中心に、二一世紀型教育としてすでに定着しつつあります。

文科省の大学入試改革もそれを踏まえて、国語においては**「思考力、判断力、表現力」を構成する諸能力を判定するとし**、具体的には**「複数の正解があり得る問題」、「選択肢でありながら複数の段階にわたる判断を要する問題」、「文字数の多い記述式問題」を導入する**としています。

今までの細かい知識を問う問題、条件反射的に処理できる問題から、未来型の問題へと大きく舵を切ったのです。

実は、文科省は「ゆとり教育」時代から、新しい教育へと舵を切ろうとしていました。「生きる力」がまさにそれだったのです。教科書や先生が示す答えを、無批判に記憶するだけの学習では、非常時に自分で考え、正しい判断を下すことはできません。たとえば、東日本大震災や福島の原発事故の時など、膨大な情報の真偽を確かめ、自分でより適切な判断を下さなければなりませんでした。まさに「生きるための力」が必要とされたのです。

ただし、当時は時代がまだそれほど成熟していなくて、ゆとり教育は学力低下を招くものだと、逆風にさらされました。

ところが、今や時代はすっかりと変わってしまいました。今回の大学入試改革は、実は産業界の後押しがあったのです。

すでに日本は欧米の模倣ではなく、世界的な競走の中で最先端の技術を開発しなければなりません。

そのため、欧米では先進型の、クリティカル・シンキングを教育の中に導入しています。

詰め込み型の教育では、欧米に太刀打ちすることなど到底できません。そこで、学習指導要領、国語科目の再編成、大学入試制度の改革と、今や大改革旋風が吹き荒れているのです。

それに対して、ほとんどの教育機関や現場の先生たちが立ち往生しているというのが、現状なのです。

30 論理的思考とクリティカルな思考

欧米でクリティカル・シンキングが成果を上げているのは、子どもの頃から当然の如く論理的な教育を行っているからです。

クリティカル・シンキングは論理を武器として、初めて実現可能となるものです。

ところが、日本では長らく国語をフィーリングの教科と捉え、多くの先生も国語力をセンス・感覚と見なしていました。その上、日本人は「察する文化」で、以心伝心、一々説明しないことを良しとする文化的背景の中で暮らしています。現実に、確実に子どもたちの論理力を伸ばしてきた学校、先生がどれほどいたのでしょうか？

私は「論理エンジン」という、論理力を鍛えるためのプログラム・教材を開発してきましたが、この日本の文化的背景、教育環境の中で、論理力を鍛えることがいかに困難なことか、嫌というほど実感しています。論理という武器も持たない子どもたちに、いきなりクリティカルな思考を強要した時、現場の混乱は火を見るよりも明らかです。小・中学生の親、そして、学校や塾の先生は、ある程度自衛の手段をとるしかありません。

しかし、この教育改革の方向はあくまで正しいのであり、時代の要請でも、社会的な要請でもあるのです。たとえどれほどの混乱が生じても、もはや後戻りをするという選択肢などどこにもないのです。

31
「新テスト」とはどのようなものか

では、小・中学生は大学入試改革で導入される新しいテストに対応するために、どのような学習をしたらいいのでしょうか?

学校や先生は子どもたちにどのような教育をしていけばいいのでしょうか?

答えは明確です。

幼児・小学生低学年の頃は、すでに説明したように、**言葉をシャワーのように浴びる教育**です。感性も論理もすべては言葉の使い方なのです。そのために、「絵本の読み聞かせ」であり、「論理トーク」であり、「言語としての漢字の学習」でした。

小学校の中・高学年になるに従って、論理力を鍛え、クリティカルな思考に徐々に慣れていく必要があります。

そのためには、今のうちに将来受験することになる、「**新テスト（大学入学希望者学力評価テスト）**」（仮題）がどのようなものになるのか、そのゴールイメージをしっかりと持った上で、子どもたちを指導していくことが大切です。

大学入試改革は文科省の「高大接続システム改革会議」で議論されているのですが、その第九回会議の配付資料の中で、「新テスト」のイメージ（たたき台）が発表されました。

あくまで「新テスト」のモデル問題ではなく、このようなイメージの問題を考えていますというものなので注意が必要ですが、この問題を見るだけでもこれからの新テストの方向は明確なので、ここで紹介してみましょう。

まず三つのグラフを比較して、そこからグラフ3が平成二年以降交通事故の死者数が減少しているのに対して、グラフ1・2はその後平成十七年まで上昇傾向にあることに注目させ、その理由を考えると同時に、そのためにどのような資料を入手すればいいのかを考えさせます。

次の文章とグラフを読み，後の問いに答えよ。

国立教育政策研究所「特定の課題に関する調査（論理的な思考）」（平成24年2月実施）より一部改題

次に示すのは，警察庁事故統計資料に基づいて作成された交通事故の発生件数，負傷者数，死者数のグラフと，この３つのグラフを見て，交通事故の死者数が他よりも早く，平成２年(1990年)以降減少傾向になっていることについて，４人の高校生が行った話し合いの一部である。

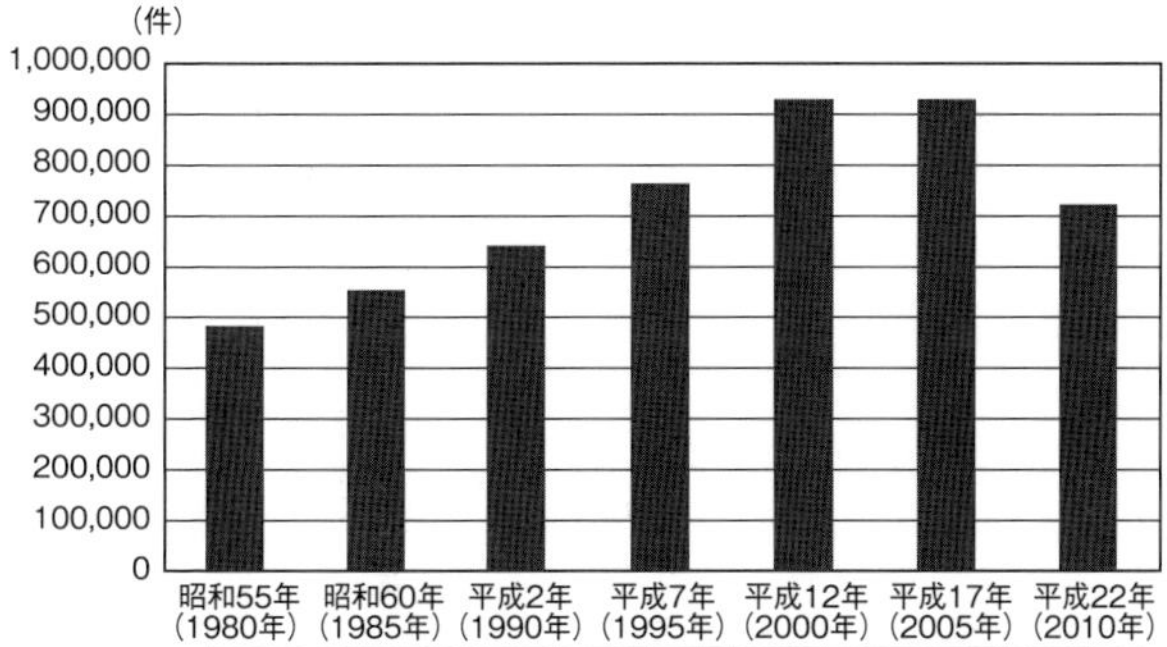

グラフ１：交通事故の発生件数

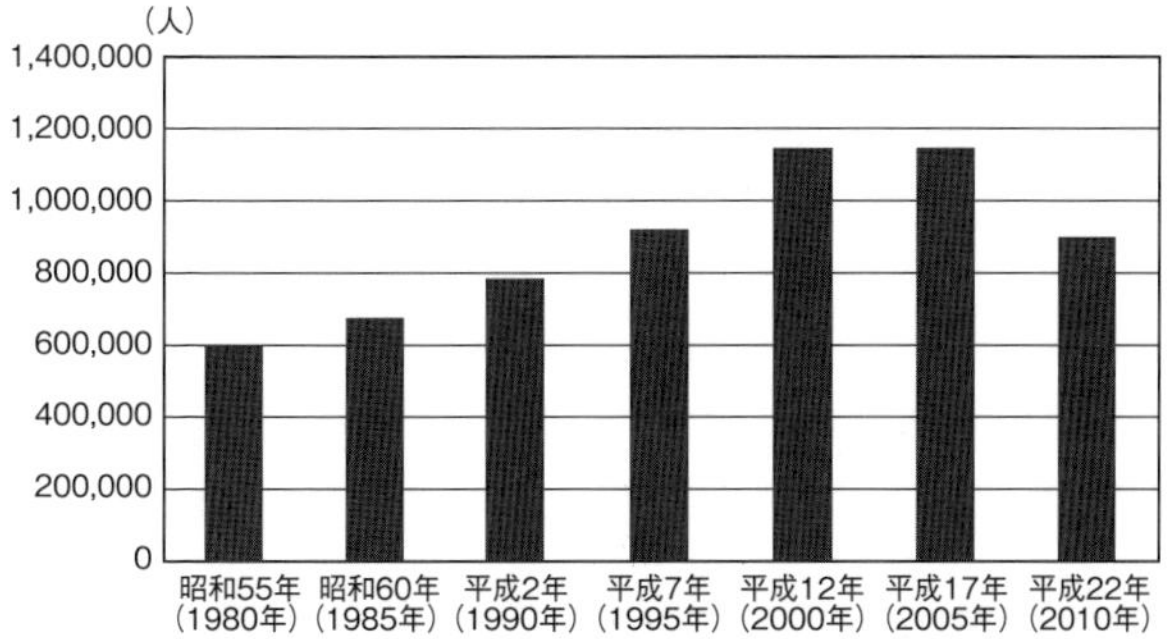

グラフ２：交通事故の負傷者数

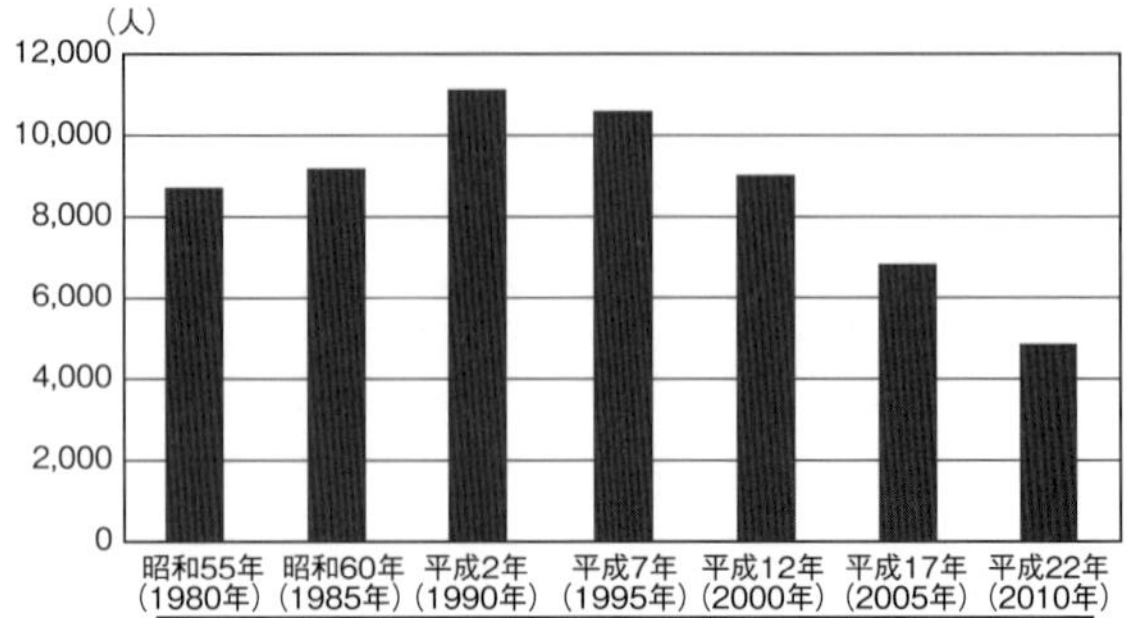

グラフ３：交通事故の死者数

Ａさん：交通事故の死者数が他よりも早く，平成２年（1990年）以降減少傾向になっているのは，交通安全に関する国民の意識の変化が関係しているのではないかと思います。その裏付けとなる資料として，「交通違反で検挙された人数の推移が分かる資料」があると思います。その資料を見れば，飲酒運転やスピード違反など，死亡事故につながるような重大な違反の割合が少なくなっていることが分かるはずです。

Ｂさん：私は，この30年間で販売されてきた自動車の台数と安全性に関係があると思います。(a)つまり，自動車の台数は年々増加し続けているので事故件数と負傷者数はなかなか減らなかったけれども，［　　ア　　］ということです。

例えば，最近30年間における，「車の総販売台数の推移が分かる資料」と，「車の安全に関する装置の装備率の推移が分かる資料」があれば，このことを裏付けることができると思います。

Ｃさん：私は，交通事故の死者数が平成２年(1990年)以降減少傾向になっているのには，医療の進歩がかかわっていると思います。交通事故にあって救急車で運ばれ一命を取り留めた人が，搬送先の病院で,「以前であれば助からなかった」と医師に言われたという話を聞いたことがありました。どういうことかというと，昔は事故にあって助からなかった命が助かるようになってきたので，事故の数は増えても亡くなる人は減り続けてきたのではないかと思います。

その裏付けとなる資料として，例えば、交通事故における救急車の出動回数の推移と救命率の推移が分かる資料が考えられます。その資料を見れば，

イ

のではないでしょうか。

Ｄさん：私は，みなさんの意見を聞いて，次のように話し合いの内容を整理してみました。Ａさん, Ｂさん, Ｃさんは，３人とも，３つのグラフを比べて１つのグラフだけが異なる傾向を示している現象に着目し，その要因について仮説を立て、その根拠として考えられる資料を挙げて, その資料から推測される内容を述べられました。

これから、皆さんの仮説を検証するための検討や資料収集をしていきましょう。(以下，省略)

問１　Ｂさんは，下線部(a)「つまり」以下で，どのような内容を述べることになるか。

空欄［ア］に当てはまる適切な内容を40字以内で書きなさい(句読点を含む)。

問２　空欄［イ］でＣさんはどのように発言したでしょうか。あなたが考える内容を，80字以上，100字以内で書きなさい（句読点を含む）。

〈解答例〉

問１　ア　自動車の安全性が向上してきたので，死者数は減ってきた（26字）

問２　イ　救急車の出動回数については交通事故の発生件数や負傷者数とほぼ同様に上昇傾向で推移しているのに対し，救命率については死者数の推移とは逆に上昇傾向で推移していることが分かる（84字）

この問題を通して、どのような能力を判定しようとしているのか、文科省の資料には次のように明記されています。

「多様な見方や考え方が可能な題材に関する複数の図表や文章を読み、情報を統合しながら、考えを構成し表現する問題」とし、さらに評価すべき具体的な能力を次のように指摘しています。

・目的に応じて必要な情報を見つけ出して文章や図表等の情報と統合し、比較したり関連づけたりする力

・得た情報を基に、物事を推し量ったり予測したりする力

・得た情報を基に、立場や根拠を明確にしながら、論理的に思考する力
・得た情報を構造化し、目的や意図を明確にし、構成や展開を工夫して表現する力

「多様な見方や考え方」とあるところに、クリティカルな思考重視が読み取れますが、この問題は基本的には**論理的思考力**が試されると言っていいでしょう。

では、同じく発表された次の問題はどうでしょう。

文科省はこの問題で判定しようとする能力を次のように明記しています。

「1400字程度の新聞記事を、一定の目的に沿って読み取り、得られた情報を取捨選択したり、自分の考えを統合しながら、新たな考えにまとめ、200〜300字で表現する問題」

本格的な記述式の「新テスト」が予定されているのですが、まさにそれを先取りした問題です。

新聞記事を読み取り、そこから必要な情報を取捨選択するには、やはり論理力が必要です。

（公立図書館に関し，その現状と課題の他，若者の自立・社会参画支援を推進する場，家庭教育支援のための場，地域の人たちの対話や交流の場としての試みなど今後の公立図書館の可能性等について記した1,400字程度の新聞記事を読んで答える問題）

問　今後の公立図書館の在るべき姿について，あなたはどのように考えるか。次の１～３の条件に従って書きなさい。

条件１　200字以上，300字以内で書くこと（句読点を含む）。

条件２　解答は２段落構成とすること。

第１段落には，今後の公立図書館が果たすべき役割として，あなたが重要と思うものについて書くこと。その際，文中に示された公立図書館の今後の可能性のうち，今，あなたが重要と考える事項を一つ取り上げ，本文中の言葉を用いて書くこと。

第２段落には，仮にあなたが図書館職員だとした場合，図書館において，第１段落で解答した姿を実現するために，どのような企画を提案したいかを記すこと。その際，企画の内容に加えて企画の効果についても記すこと。

条件３　本文中から引用した言葉には，かぎ括弧（「　」）を付けること。

〈解答例〉

今後の公立図書館は，「地域の人たちの対話や交流の場」としての機能を広げ，子供から大人まで幅広い世代に相互理解と学びの場を提供する役割を担うべきと考える。

このため，高校生を対象として，幼児への読み聞かせの方法を学ぶ講座を企画したい。講座では，絵本を読む際の声の大きさや間の取り方，スピードなど，子供に興味を持って話を聞いてもらうためのコツについて，高校生が図書館の司書やボランティアから学ぶとともに，実際に幼児への読み聞かせを体験する。このことにより，講座に参加する幅広い世代の住民の交流が深まるとともに，高校生が，子供の発達について家庭科で学んだことを実体験を通じて深める効果も期待できる。(295字)

さらに与えられた条件の下に、**取捨選択した情報と統合して、自分の考えを論理的に表現しなければなりません。**

特に注目すべきは、

・**解答は二段落構成とすることとし、第一段落、第二段落で何を書くべきかが指定されていること。**

・**新聞記事を引用しなければならないこと。**

の二つです。

この問題は論理力を土台として、クリティカルな思考を試すものですが、採点可能な問題にしなければならないこともあって、決して**自由に書いたり、思いつきを述べたりしても答えにはならない**ということです。

この二つの問題からも、今大学入試で要求されている学力は、しっかりとした**論理的思考を土台とした、クリティカル・シンキングだと言えるでしょう。**

32 クリティカル・シンキングのために必要な学力

大学入試改革に向けて、多くの出版社が新しい教材を次々と刊行していますが、私の中でしっくりとしたものになかなか出会うことができません。確かに、クリティカルな問題を並べてはいますが、では、それを解決するためにどのような学力を、具体的にどのようにして獲得すればいいのか、それを体系化したものがどこにもないからです。

つまり、論理力をしっかりと鍛えることなく、ただ自由に考えを述べたり、書いたりするものばかりなのです。確かにクリティカルな良問を集めた、すぐれたテキスト、問題が次々と刊行されつつあります。しかし、

答えのない問題を提示して、

「あなたはどう思うか?」

「みんなで話し合ってみましょう」

といった類のものばかりであって、実はそういった問いかけは、「ゆとり教育」時代に盛んに行ってきたものなのです。それにクリティカル・シンキングという新しい名称をつけただけであって、決して目新しいものではないのです。

論理的に考えるためには、論理という規則を使いこなす訓練が必要です。ただし、読解問題における論理とは、与えられた文章を論理的に読み取り、要点となる箇所を抽出するといったもので、あくまでも閉じた世界の中でのことです。

すでに述べたように、現実世界ではすべての情報が開示されているとも限りませんし、また与えられた情報自体が真実かどうかも分かりません。そういった現実世界で、**生きるための力となるのは、やはりクリティカル・シンキングに他なりません。**それを獲得するために、子どもの頃からしっかりと論理的な教育を施していかなければならないのです。**論理とは誰もが納得する言葉の共通の規則**ですから、その**規則も知らずにいくら自由に考えても、それは単なる思いつきに過ぎない**のです。

33 クリティカル・シンキングと因果関係

クリティカル・シンキングを可能にするためには、因果関係を自在に活用できなければなりません。すでに「論理」の説明で、「イコールの関係」「対立関係」「因果関係」を説明しました。

その中で、「因果関係」は

A（原因・理由）↓（だから）B（結果）

あるいは、

B（結果）↓（なぜなら）A（原因・理由）

と説明してきたのですが、クリティカル・シンキングで必要な因果関係はもっと高度な働きをするものです。

私たちは日常生活の中でも、絶えず**「何が原因で、何が起こった」**と考えようとします。たとえば、

「試合に負けたのは、何が原因か？」

と考え、その原因が分かれば、次にどうすれば試合に勝つことができるのかを考えることができるのです。

「試験でひどい点数を取ったのは、何が原因か？」

「彼女を怒らせたのは、何が原因か？」

と、たえず原因を探ろうとします。なぜなら、その原因が分からない限り、次もまた同じ失敗を繰り返す可能性が高いからです。まさに**因果関係を考えることは「生きる力」に直結**します。

因果関係を理解することは、

①私たちが経験する様々な出来事の意味を理解する。

②未来の出来事を推測し、人の行動を予測する。

そして、このことが正しい意志決定の有力な判断材料になるのです。

子どもの頃には**「なぜ」と原因を探ろうとする時期**があります。

「どうしてお日さまは落ちてこないの？」

「どうして猫は話せないの？」

私たちはこれをうるさがって、いい加減に誤魔化そうとしがちですが、実はこの時こそクリティカル・シンキングが芽生えるチャンスなので、この機会を逃さないようにしてください。

うまく答えられない質問の場合は、「一緒に調べてみようね」とか、「本当に不思議だね。お母さんも分からないから、考えてみるわ」と、「なぜ？」を発した子どもを認めてあげる態度が大切です。

私たちは原始時代から、不可思議な現象について、その原因を考えて、初めて安心することができたのです。雷現象も、昔は雷神が怒っているのだと、原因をそう考えて安心しました。今は、ただの気象現象だと分かっているので、昔ほどの恐怖心を抱くことはなくなりました。

「原因が分からない奇病」というニュースを耳にすると、何とも言えない不安感に襲われることがあります。その原因を知ったなら、多少は心安らかになるに違いありません。それほど因果関係は私たちの日常生活において、重要な役割を担っているのです。

　では、子どもをどう導けばクリティカルな思考が身につくのか、具体的な例題を紹介しながら、説明していきましょう。

34 賛成・反対問題

クリティカルの基本は、自分の主観を排し、様々な角度から物事を考え、相対的に適切な判断を下すことです。

そこで、一つの問題に対して、賛成・反対の両側の立場で考え、その上で、自分の意見を述べるという訓練が有効なのです。

【問題】

まさおくんはお母さんから、「あぶないから、雨の日に川に近づいてはいけません」ときつく禁じられていました。ある台風の日、まさおくんは下校途中の橋の上から増水した川をのぞいたら、子犬がおぼれているのを発見しました。子犬を助けるために、川に入っていいでしょうか。

問1

①私は子犬を助けに行くべきだと思います。

なぜなら、（　　　　　　　　　　）からです。

②私は川に入ってはいけないと思います。

なぜなら、（　　　　　　　　　　）からです。

問2

あなたは①と②のどちらの理由を支持しますか。

その理由を書きましょう。

はい、私は（　　　　）の立場を支持します。

なぜなら、（　　　　　　　　　　）からです。

クリティカル・シンキングの力を養成する問題です。そのためには、

①前提状況の分析力

②TPOに応じて判断基準は変わる

③ルール制定の趣旨に立ち返る

といった手順で考えていく必要があります。

それに加えて、本文では意見の異なる二つの立場から考えてみる練習です。これによって、「多角的にものを見る」力も養います。

まず前提状況を分析することから始めましょう。

台風の日、雨で水かさが増して非常に危険な状態であることを、子どもが理解できたかどうかです。そして子犬が川で溺れているのですから、放っておくと子犬の命が助からない可能性が高いのです。

次にルールの検討です。

なぜお母さんが「雨の日に川に近づいてはいけません」といったのか、それを子ど

もに考えさせましょう。雨の日には川の水かさが増して、非常に危険な状態になるからです。ましてや台風の日ですから、子犬を助けようとすると、命の危険にさらされる可能性があります。

以上二つを前提に、異なる二つの立場から子どもに考えさせます。

問1　この問題はあえて異なる二つの立場から考えることで、この状況を正しく理解できたかどうかですから、ここで自分の意見を書く必要はないのです。道理にかなう意見が述べられてあれば、すべて○とします。

ただし、台風による危険性と、子犬の命を比較して、どちらを優先したかを述べる必要があります。

・子犬を助けるという意見

「犬がかわいそうだから」「どうぶつも命が大切だから」といった意見が多いのではないでしょうか。「安全かどうかを慎重に判断して」といった意見が書いてあれば、TPOに応じて判断したのですから、ここではクリティカルな思考だと評価することができます。

問2　問1は多角的に物を見ることができるかどうかがポイントでした。

問2は、「台風による危険性」と「犬の生命」を比較した上で、いずれを重視するかを判断し、その理由を明記したかどうかです。

・子犬を助けるという意見

今回は自分の意見を述べる問題ですが、「台風による危険性」よりも「犬の生命」を重視した意見は、それ自体で評価が低くなります。自らの命を大切にしない意見は、たとえ理由が述べてあっても、基本的には×にしてください。これを○にすると、いざというとき、子どもが危険を冒してしまうことになりますから。

「自分は泳ぎが得意だから」といった理由は、増水した川の危険性を深く考慮できていないので、×です。あくまで子どもの手には負えない状況であることをしっかりと理解できたかどうかが大切です。

・子犬を助けないとする意見

台風での川の増水の危険性が述べられていれば、すべて○です。

「お母さんの言いつけが大切だから」といっただけの意見は、自分の頭で考えているとは言いがたいので、クリティカル・シンキングとしては評価できません。ただし、「私の命のことを考えたお母さんの言いつけを大切にして」とあれば、お母さんがなぜ言いつけたかを自分の頭で判断しているので、クリティカルだと言えるでしょう。「犬が自力で泳ぐだろう」といった理由は子どもにありがちな無責任な意見ですから、評価は低くならざるを得ません。

このように現実社会では予期せぬ出来事が起こりがちですが、その時の状況を正確に理解し、最適解を自分で考えることができるかどうか、そうした力を子どものうちから鍛えておくことが必要です。

【ニュースと絡めた問題】

鬼怒川の堤防が決壊した茨城県常総市では10日、自衛隊や警察、消防などが、濁流の中で取り残された住民らをヘリコプターなどで救出した。テレビの生中継を見た人々から、隊員の練度と現場判断、心遣いに、「神判断」「感動した」などと賛辞が寄せられた。

「子どもの犬なので置いてこられなかった。自衛隊の方に『お願いします』と言って連れてきました。ホッとしました。ありがとうございました」

自宅の屋根で犬二匹とともに救助を待ち、自衛隊のヘリに救出された男女の住民二人。女性は搬送先に到着後、こう語った。

決壊現場近くには何人もの住人が取り残され、救出を求めていた。陸上自衛隊北宇都宮駐屯地の隊員らは上空から現場を確認し、「危険度が高い」と判断した順番に救助を続けた。

隊員は住民二人が待つ屋根に降り立つと、犬を白い袋に入れるなどして、住民とともに救出した。ヘリにつり上げられるとき、隊員が犬をしっかり抱え、頭をなでるシーンも見られた。

このような報道に対して、救助は人間に限られるとする法律があることもあり、自衛隊のした行動について反対する立場の人がいます。
それぞれの立場から理由を述べてみましょう。

今回は、子どもが犬を助けるのではなく、救助の専門家である自衛隊が犬を助けるという点で、前問と大きく状況が異なります。

賛成・反対のそれぞれの立場で考えることができるかどうか、それがクリティカル・シンキングの第一歩です。

まず前提状況を把握します。

二匹の子犬が飼い主にとってかけがえのない犬だったということ。事実、住人が「お願いします」と子犬の救助を頼んでいます。

救助は人間に限られるという法律があり、自衛隊がこの法律を破ったということ。

他にも救助を求めている住人がいたということ。

犬を白い袋に入れて、住民と一緒に救助したので、犬の救助のために住人の安全をないがしろにしたわけではないこと。

これでかなり複雑な状況だと分かります。

次に、**両方の立場から考える**のですが、一度ルール制定の趣旨に立ち返って考えます。

この時のルールは、「救助は人間に限られる」という法律です。なぜこういった法律を制定したかというと、動物の命よりもまず人間の命を最優先すべきだという考えからだと分かります。動物を助けようとして、肝心の人間を救助できないこともあるからです。

こうしたことをしっかりと理解した上で、TPOに応じて柔軟に考え、自分で最適解を見つけ出すことがクリティカル・シンキングでした。

・**賛成の意見**

ここでは少なくとも法律を破っているのですから、命の尊さを主張するだけでなく、その場の状況で住人の安全が確保されること、犬を救助することで住人の安全が脅かされることがないことなど、条件をつけることが必要です。

・**反対の理由**

法律を守ることの重要性（ただ法律だから守らねばならないといった意見はクリティカルではありません）。なぜなら、法律を破ることで、住人の安全が脅かされる可能性があること、あるいは、例外を認めることで、いずれ問題が発生する可能性があることなどを指摘できれば合格です。

（解答例）

賛成　子犬といえども、尊い命は救うべきです。人間よりも子犬を優先したのならばともかく、隊員は住民二人を救出しているので問題はありません。

反対　救助は人間に限られるという法律がある限り、それを守るべきです。今回はたまたま救助できましたが、子犬のために失敗するというリスクもゼロではなかったと思います。

◎命じられたことは、たとえどんな状況でも守らなければならないという考えはクリティカルな思考ではなく、「生きる力」でもありません。

たとえば、地震の際、机の下に隠れろと教えられたので、じっと動かないでいる時、隣の教室が火事で炎が迫ってきた、どうでしょうか？

命じられたとおり、じっと動かないでいたなら、焼け死んでしまいます。

つまり、その時々の状況を自分で判断し、より適切な行動をとる必要があるのです。

もちろん、この問題にたったひとつの絶対的な正解があるわけではありません。

ただ隊員はその時の状況を冷静に判断し、住民を救出した上で、さらに子犬も助けることができると判断したのでしょう。そうした判断がクリティカル・シンキングで、逆に、子犬を助けることでリスクが大きすぎると考えたなら、優先的に住民を救出し、子犬を助け出すことは諦めたことでしょう。

35

クリティカル・シンキングを達成するために

因果関係がいかに重要かということを、例題を通して説明してきましたが、実は因果関係を見つけることはそう簡単ではないのです。

因果関係を特定するためにこそ、クリティカル・シンキングが必要だといっても過言ではありません。

まずは次の例題を考えてみてください。

【例題】以下の文章で、論理的におかしい点を指摘しなさい。
アイスクリームの売上が伸びた時は、熱中症になる人が増える。
だから、アイスクリームを食べると熱中症になるのだ。

私たちは目立った現象や、突発的に起こった現象を、原因だと思い込んでしまいがちなので、冷静に判断する必要があります。

例題では、アイスクリームの売り上げと、熱中症になる人との間に相関関係があると指摘しています。

実は、この二つの現象に対して、**第三の要因が隠れている**のです。

アイスクリームの売り上げが伸びる。なぜなら、暑いからだ。

熱中症になる人が増える。なぜなら、暑いからだ。

つまり、この問題には、「暑い」という第三の要因が隠されていたのです。


（解答例）

暑いからアイスクリームの売上が上がったのだし、暑いから熱中症になる人が増えたのである。つまり、「アイスクリームの売上が上がること」と「熱中症」は、どちらも「暑い気温」の結果であって、直接の原因・結果の関係ではない。

熱中症の原因がアイスクリームにあると即断する人はさすがにいないと思います。

これは常識的に判断できることですが、私たちは日常このような間違った判断をしてしまうことが結構あるのです。日常生活においても、「第三の要因」を疑ってみることをせず、めだった現象を原因だと思い込んでしまうことが、多々あるのです。

こういった間違いを起こさないためにも、因果関係を特定する時は、クリティカルな思考が必要になるのです。

では、次の例題はどうでしょう。

雪が降るとオモチャがよく売れます。その理由を考えましょう。

◎まさか雪がオモチャの売れる原因と、即断する人はいないでしょう。

結果には必ず、そうなるに至った原因があります。それは、単純で分かりやすいときもあるし、その原因が特定しにくい場合もあります。そのときは、**目に見えない第**

三の要因があると考えてみましょう。まずは「オモチャがよく売れる」という結果に着目します。オモチャが売れる原因はいろいろ考えられるはずです。その中で「クリスマスプレゼント」に着目できれば、答えが見えてきます。クリスマスシーズンには雪が降ることが多いからです。「雪が降る」と「オモチャが売れる」との間には「クリスマス」という、第三の要因があったのです。

こういった思考は子どもにはまだ難しく感じられるかもしれませんが、逆に年齢の低い時期にこうした思考訓練をしておくことが、将来社会生活を送る時に役立つことになるのです。

（解答例）
雪が降るのはクリスマスシーズンが多く、クリスマスプレゼントにおもちゃを買う人が多いから。

◎ここまでの問題ならば、因果関係を間違って特定することなんかないと思うかもし

れませんが、私たちは意外に迷信や、様々な宗教的、政治的勧誘を受けたりすること
があります。
その時、クリティカル・シンキングがあれば、人にだまされたり、狂信的なものに
引っかかったりすることはありません。
物事を多角的に、客観的に判断することができるからです。では、次の問題はどう
でしょうか？

姉　お父さん、インターネットの掲示板に「お盆は霊がこの世に戻ってくるから、水辺には近寄らないこと」って書いてあったの。そういえばお盆って水の事故が多い気がする。不慮の事故で死んだ霊が悪さをするって本当なのかな。

弟　なにそれ怖い。今年は海に行かなくてもいいや。

父　おいおい、そんなこと言っていたらどこにも行けなくなっちゃうよ。八月中旬の水の事故は、本当に霊の仕業と言えるのかな。二人ともよく考えてみよう。

「何が原因で起こったか」「なぜ起こったか」を知ること、つまり因果関係を理解することは、世の中の仕組みがどうなっているかを知り、これからの行動を予測する上でもっとも重要な「論理」なんだ。

姉 どういう場合に因果関係があると言えるの?

父 たとえば原因Aのせいで結果Bが起こったように見える場合、「因果関係」と言えるためには、一般に次の二つの要件が必要だと言われている。

①AとBが関連して変化していること(共変関係)

②Aの後にBが起こったという関係性(前後関係)

弟 霊が原因で水の事故という結果となったのだから、因果関係があるに決まっているよ。

父 「原因はこれだ!」と直感的に決めるのは、間違いの元だよ。

1. 一見目立つ出来事にひかれたりして、原因を錯覚してしまうこと(因果の錯覚)。

2．本当の原因Xが隠れた場所に存在しA、B両方に影響を与えていたので、AとBが共変しているように見えてしまうこと（第三の要因）。

因果関係を考える際は、特にこの2つには注意しなければならないんだ。もう一度よく考えてごらん。ほら、勤め人の休みはお盆に集中しているでしょう。去年のお盆に家族で行った海だって、芋を洗うような大混雑だったじゃないか。

姉　わかった！　お盆に水の事故が多いのが霊の仕業だっていうのは（　①　）ね。だって、（　②　）。

父　そのとおり。このように因果関係は冷静に原因を見極めないと、世間を色眼鏡で見てしまうことにもつながりかねないんだ。せっかくだから、ここで因果関係の力を鍛えるクイズを出すよ。

「身長・体重が大きい人ほど、平均寿命が短い傾向がある」という研究がある。驚くことにこれは真実らしい。この謎を解いてみよう。

姉　えっ、本当なの。因果の錯覚か、もしくはきゅうくつな服ばかり着てたから、ストレスがたまったとか……。

弟　困ったな。ぼくはお姉ちゃんより背が高いから、早く死んじゃうのかな。

父　もっと頭を使って！　身長・体重と平均寿命の関係だけを考えると分からなくなるよ。その陰に潜んでいる別の要因が双方に影響を与えているのかもしれないね。

姉　そうか！　これは（③）よ。
だって、（④　　　　）からなのだわ。

問1　①に当てはまる適切な選択肢を選びなさい。

1　因果の錯覚　　2　第三の要因

（解答）1

問2　②に①の根拠となる理由を四〇字以内で記述しなさい。
（解答例）海や川に出かける人が増える以上、事故も多発するのは当たり前だから

問3　③に当てはまる適切な選択肢を選びなさい。
1　因果の錯覚　　2　第三の要因
（解答）2

問4「男性」「平均寿命」という言葉を使って、④に入る文章を四〇字以内で記述しなさい。

（解答例）身長が高く体重が重いのは女性より男性なので、当然女性よりも平均寿命が短くなる

因果関係を特定することは、それほど簡単なことではないということがお分かりだ

と思います。

そういった例は、私たちの周囲にはいくらでも転がっているのです。

そして、子どもが将来社会に出て行く時、人にだまされたり、おかしな迷信に振り回されたり、狂信的な宗教や政治に利用されないためにも、子どもの頃からクリティカル・シンキングを身につけることが、まさに「生きる力」としていかに大切なのかが分かっていただけると思います。

36

世の中は主観的な言説に満ち満ちている

私たちは感情を持ち、物事を主観的に捉えがちなので、客観的に因果関係を見極めることはそう簡単ではありません。だから、子どもの頃から、しっかりとクリティカルな思考を身につけていかなければ、大人になった時も不利益を被ることになります。

さらに、世の中全体がヒステリックな言説に振り回され、正しい判断ができないことになります。

たとえば、ブッシュ元大統領がイラクが大量破壊兵器を所持しているとして戦争を起こし、我が国でも国際貢献の旗の下、後方支援を行いました。結果として、大量破壊兵器は見つからなかったどころか、その後、イラク、シリアなどのアラブ諸国は大混乱に陥り、今のイスラム国の台頭を招いたのです。

日本でも、ヒステリックなマスコミがヒステリックな世論を形成し、小泉ブームから、民主党政権、そして、安倍政権へと、右に左に政局が極端に揺れ動いています。

事の是非はともかく、こういった現象を目の当たりにすると、少なくとも日本の政治家も、マスコミも、国民も、とてもクリティカルな思考力を持っていたとは言えません。やはり子どもの頃からしっかりとクリティカル・シンキングを身につけるための訓練が必要だと言えるでしょう。

37

因果関係における時間的順序

因果関係を客観的に把握するためには、時間的順序にも気をつけなければなりません。

たとえば、よく教育評論家やマスコミが、「体罰などの厳しいしつけを受けた子どもは、将来攻撃的な、時には暴力的な性格になりがちである」と指摘することがあります。たしかに、「体罰などの厳しいしつけを受ける」→「その結果、攻撃的な性格になる」と、因果関係は成立していますし、時間的順序も成り立っているように見えます。

しかし、私たちはこうした因果関係を特定する時、たえず別の視点も検討して、慎重に判断しなければなりません。たとえば、子どもの性格が生まれつき攻撃的であったから、親は言うことを聞かせるために、ついつい厳しいしつけが必要になり、時には体罰に訴えるようになった、と。

「子どもの性格が生まれつき攻撃的」→「親は体罰に訴えるようになる」

この時、時間的順序は逆転し、先に指摘した因果関係は成り立たなくなります。

私たちが因果関係を推論する時、出来事Xが出来事Yよりも本当に時間的に先行しているのか、逆の可能性はないのかなど、論理的に考えていかなければならないのです。

似たような例として、テレビの暴力シーンを挙げましょう。よく暴力シーンが子どもに与える悪影響について論じられることがあります。実際、テレビで暴力的シーンを見る時間が長い子どものほうが、実生活で攻撃的な行動をとりやすいという、心理学上の研究があります。そこで、テレビの暴力シーンの影響で、子どもが攻撃的になりやすいと、時間的順序も成り立ち、さらに因果関係が成立するように思えます。

でも、果たしてそうでしょうか？

もしかすると、もともと攻撃的な性格の子どもほど、テレビでの暴力シーンを見たがるという傾向はないでしょうか。

この場合は、時間的順序が逆転するので、先ほどの因果関係は成立しなくなります。

このように**因果関係を推論する時、私たちは様々な角度から客観的に物事を捉え直さなければならない**のです。

間違った因果関係を信じ込み、それを基に次の行動を決定したり、将来を推論したりすると、大きな過ちを犯す危険性があるからです。

38 ステレオタイプの危険性

ある集団やその構成員に対する固定観念的な知識のことをステレオタイプと言います。

ステレオタイプによる分類では、ある集団に属する構成員の共通点が強調される一方で、集団のメンバーとそこに属さない人との違いが強調されます。

たとえば、日本ではしばしば、「関西人」と「東京人」という分け方をします。そして、関西人は、外向的でなれなれしく、よく値切り、東京人は、よそよそしく冷静で、言い値で買い物をする、などと考えます。しかし、内向的な関西人も、なれなれしい東京人も当然ながら存在します。

このように、**ステレオタイプの特徴の一つは、過度に単純化する**ことです。

私たちが他人を評価する時、そうした単純な枠組みで捉えることは時には非常に便利です。たとえば、あの人は大阪人だから、面白いことを言うはずだ、B型の人間だから、わがままだとか、かってに個人を共通の枠に当てはめてしまいがちです。

それゆえ、ステレオタイプは気を付けておかないと、有害な判断をもたらす可能性もあります。

たとえば、ある人についてほとんど何も知らなくても、その人が属している集団に共通の性格を相手にあてはめてしまいます。しかし、血液型や星座など、集団に共通の性格などというものは、たいがいの場合は幻想や思いこみでしかありません。さらに危険なことに、人種や民族などへの差別や偏見に結びつくことさえもあるのです。

アメリカ大統領選挙に共和党候補として立候補したトランプ氏は、メキシコからの移民をすべて国外に退去させよと言ったり、イスラム教徒を入国させるなと訴えました。

人間は一人ひとり異なる性格や意見を持っているのに、一部のメキシコ人が罪を犯したら、すべてのメキシコ人が犯罪者であるような論理の飛躍、過激派組織のテロが猛威を振るうと、すべてのイスラム教徒をそうした枠組みの中にいるのではないかというように捉えたりと、まさに典型的なステレオタイプです。

これは極端な例ですが、やはり子どもの頃からクリティカル・シンキングを鍛えておくべきです。

◎人はステレオタイプで見られることを好みません。なぜなら、個人としての存在を否定されたような気分になるからです。この感情は、欲求不満や怒り、場合によっては無力感のような否定的感情に結びつきます。

もしあなたが誰かをステレオタイプで見るとすれば、それは相手の個人としての尊厳を踏みにじるものですから、その人もこのような感情を示すことでしょう。ステレオタイプで見られた時の自分の感情を考えてみることは、他人がどう感じるかを共感的に理解する助けとなります。他人をステレオタイプで見ないようにするためには、自分がされたときの感情に気づくことが大切なのです。

子どもは学校や家庭という狭い集団の中で生活をしているので、よりステレオタイプで人を決めつけがちです。それが差別やいじめに結びつくこともあるのです。

クリティカル・シンキングは、様々な角度から物事を捉え、たったひとつの答えではなく、複数の可能性の中から、相対的に適切な判断をする能力ですから、子どもをステレオタイプ的な枠組みから自由にしてくれるのです。

39 物語文こそクリティカル・シンキング

物語文、小説問題はどのように捉えたらいいでしょうか?

論説文は論理力だけれど、小説は文学作品だからやはり感性が決め手だと考えている先生は多いと思います。

実は物語文、小説問題の読解ほど誤解されているものはありません。

まず問題文は物語の一場面が出題されることが多いのです。設問の大半が登場人物の心情を問うものですが、子どもはその舞台がどんな時代で、主人公がどんな人物か一切の情報を与えられることなく、セリフや動作から心情を答えなければなりません。

たとえば、次の問題はどうでしょう。

塾の教室の前で、成績優秀者の名前が張り出されていた。周りの子どもが大騒ぎする中で、彼女は黙ってうつむいていた。

傍線部「彼女は黙ってうつむいていた」とありますが、その理由を答えなさい。

子どもは感情移入して、「悲しい」「さみしい」「怒っている」「考えごとをしている」など、それぞれ異なった解釈を無意識のうちにしてしまいます。

ところが、この問題は答えようがありません。なぜなら、**彼女の心情を表す根拠がどこにもないからです。**

では、次の問題はどうでしょう。

塾の教室の前で、成績優秀者の名前が張り出されていた。周りの子どもが大騒ぎする中で、彼女は黙ってうつむいていた。

あたまのなかでは、朝母親から投げかけられた言葉が渦巻いていた。

「こんどのテストはいい点を取るって、約束したでしょ。がんばるって言ったから、ゲームも買ってあげたのだから」
彼女は家に帰って、母親にどのような言い訳をしようかと考えあぐねていた。

この場合は「考えあぐねていた」とはっきりした根拠があります。だから「悲しい」「悔しい」などは×になります。

ところが、大抵の子どもは文中の根拠をしっかりおさえることをせずに、自分の主観で答えを選んでしまうのです。

その結果、やはり合ったり間違ったりの繰り返しで、どれほど問題練習をしたところで、正答率がアップするわけではありません。ここでも膨大な勉強時間を無駄にしているわけで、結局、国語はセンス・感覚の教科となってしまいます。

実は、物語文や小説問題を解く時は、いかに自分の主観を括弧に入れて、客観的に文章を分析できるかです。

設問になるというのは、必ず心情を表す根拠が文中にあるということです。そこを発見して、客観的に分析すれば、必ず正解を導くことができるように問題は作られているのです。

その結果、客観的な分析力という、クリティカルな思考に必要な能力を鍛えることができるのです。

またひとつの風景、ひとつの場面を、様々な登場人物の視点から捉え直すことも、子どものクリティカルな思考を育てます。子どもが大人になり、男が女になる、あるいは、どこか知らない国の王様になる。このように視点を変える訓練は、感受性の強い子どもにとって非常に有効な訓練なのです。

試験問題を解く時だけでなく、子どもが文学作品を読む際にも、従来の国語教育では大きな過ちを犯しがちです。

多くの小・中学校では読書の時間を設けることが多いのですが、自分の好みの作品を選び、それを自分勝手に読んだところで、ほとんど教育とは結びつきません。

どんなに深い作品であっても、結局自分の価値観や幼い生活感情でそれを捉えるだけなら、「好きだ」「嫌いだ」「明るい」「暗い」などで終わってしまい、自分の世界観を広げたり、物事を深く捉えたりすることはできないのです。何を読んだところで、すべては「好きだ」「嫌いだ」で終わってしまうだけなのです。

特に文学作品を鑑賞する時、自分の狭い価値観や生活感情で解釈しないことです。

たとえば、高校生になると夏目漱石『こころ』や、森鷗外の『舞姫』などを教科書で学習することになるのですが、現代の恋愛とはまったく事情が異なります。

漱石が活躍した時代には、姦通罪という法律が制定されていました。不倫をすれば社会的に抹殺されるわけであり、たとえば、『それから』の主人公の代助はそれを覚悟で、友人の妻を奪っていきます。

「不倫」という仕掛けによって、人間の魂の深淵が浮き上がってくるのです。私たちは、そこから漱石の人間に対する深い洞察力を読みとらなければなりません。そのためには、作品を自分の狭い価値観で解釈することなく、テキストを正確に、そして、深く読み取ることが前提となります。

今の国語教育の多くは、ただ文学作品を読ませて、子どもに自由に読書感想文などを書かせています。その多くが、作品を自分たちの狭い価値観で切ったものや、ステレオタイプの捉え方から一歩も出ないものです。

実は、鑑賞の前に、テキストの正確で深い読解、分析が必要です。その上で初めて鑑賞・評価という二次的なものが成り立つわけで、作品を客観的に読解する訓練をしない限り、そうした国語の学習効果はほとんど期待できません。

物語文、小説など、文学作品の鑑賞は、実は論理的思考とクリティカルな思考を育むのに最適な教材なのです。

第５章　時代はクリティカルな思考へ・まとめ

クリティカルシンキングは21世紀型教育として欧米に定着。

日本もこれをふまえて、大学入試改革では、

→「複数の正解がありうる問題」

　「選択肢でも複数段階の判断が必要な問題」

　「文字数の多い記述式問題」

→これまでの細かい知識を問うような問題からの転換。

クリティカル・シンキングを可能にするためには、

「因果関係」（何が原因で・何が起こった）の把握に習熟することが大切。

（日常生活でも）何かが起こったら（失敗したら）原因を探り、対策を考える。

◎（たとえば）子どもの「なぜ？」という問いかけはチャンス、一緒に考える。

◎ある問題に対して「賛成」なのか「反対」なのか多面的に考える練習。

（答えは一つとは限らない）

◎主観や思い込み（固定観念的な知識）を入れて判断しない。

☞「因果関係」を考えることは「生きる力」に直結する。

第6章 メディア・リテラシー

NEWS
世界に情報があふれかえっています
同じことでも発信先によって扱いが違ったり信じがたいような効能をうたった広告もあります
たとえば「肌が美しく」とか「若返る」などと宣伝される商品が多いですよね
これは決して鵜呑みにはできません
やだー だまされたくないわ
情報には「意見」と「事実」が含まれています
効いたような気がする
検査の結果は
この両者の区別がついていなかったり中には意識的に混在させたり
事実なのか主観・意見なのかを分析する姿勢と考え方
モニタ
天然
情報を取捨選択して真偽を見極める知識と判断力が必要です

これが論理的思考
メディア・リテラシー
なのです
大学入試にも
関係あるのですか？
客観的に
「意見」と「事実」を
見極めて
情報を理解する力が
あるかどうか
このあたりは
「新テスト」に反映
される可能性が
あります
どんな問題が
出てくるかしら
ると見抜ける人で
使うのは）難しい
たとえば
新聞などの
報道記事を与え
「事実」か「意見」か
答えさせる
ような問題です
メディア・リテラシー
の問題例を
いくつか紹介
しましょう

40

メディア・リテラシー

今やネット社会であり、私たちの周辺は様々な情報で溢れかえっています。子どもたちは否応なく、そのネット社会の中で暮らしていかなければなりません。

そうした情報の大半はメディアによってもたらされます。テレビ、新聞、週刊誌の情報がそれですが、私たちがそれらの情報を鵜呑みにすると、大きな過ちを犯すこともあります。

私たちはテレビや新聞の報道を真実として信じ込みがちですが、**情報の送り手の思惑にも注意しなければなりません。**マスコミにはスポンサーがいて、その意向に逆らうことは困難です。広告を打つ企業、宗教団体、電力会社。あるいは、その最大のスポンサーは政権与党かもしれません。しかも、同じ事件を報道しても、新聞社によって社説での論調が真逆のこともあるのです。

今はインターネットで個人が様々な情報を発信できる時代ですが、その膨大な情報の多くは、主観的なものにすぎないので、これらの情報の出所を確かめたり、真偽を判断したりする必要もあります。こうした能力が**メディア・リテラシー**で、**現代社会を生き抜く限り、こうした能力も鍛えていかなければならない**のです。

さらにメディアにおける主張はステレオタイプになりがちです。

たとえば、憲法改正に関する世論調査などで、護憲か改憲かと問われることがあります。重要な問題には様々な捉え方があり、それを単純化して護憲か改憲かと言われても、答えようがありません。もちろん未来永劫憲法を変えてはいけないなどと考えている人は多くはないと思います。しかも、憲法を変えてはいけないとなると、誰も憲法について議論することをせず思考停止状態に陥ってしまうので、かえって危険です。

憲法の中の時代にそぐわなくなった条文は変える必要があるが、「憲法九条は絶対に変えてはいけない」と考えている人は、果たして改憲派という枠組みに入れていいのか、それとも護憲派なのか、単純に二者択一とはいかないはずです。

仮に憲法を変えるにしろ、今がその時期なのか、あるいはどの条文を変えたらいいのか、議論されるべきであって、それを「護憲」「改憲」という二者択一の問題にすり替えてしまうのが、今のマスコミの論法なのです。

そのためにはクリティカル・シンキングが鍵となります。

41 意見と事実

不特定多数の読み手に向けて情報を発信する時、筆者には当然伝えたい意見（主要）があるのです。しかし、その意見がどれほど素晴らしいものでも、まだこの段階では主観的なものにすぎません。

そこで、筆者にはそれを論証する必要が生じます（**論証責任**）。

その時、証拠となる具体例などを挙げるのですが、これらの具体例はあくまで客観的な事実やデータでなければなりません。そのことで、主観的な意見が初めて汎用性を持つことができるのです。

主観的な意見を、主観的な事例で論証したところで、それはやはり主観的なものに過ぎませんから。

意見（主観）→論証（事実）→汎用性を持った意見

この**意見と事実の明確な区別**が論理的思考やクリティカルな思考、そしてメディア・リテラシーにとって必要なスキルとなります。

テレビでの討論、政治家の演説、ネット上の論争など、この基本さえわきまえないでいる人が何と多いことか。それを考えた時、子どもの頃からこうした訓練をすることの必要性を痛切に感じざるを得ません。主観的な意見をまるで客観的な事実の如く話したり、両者を巧みに混同させて相手を説得しようとしたりする話し方は、とても論理的なものとは言えないのです。

また意見と事実とを明確に区別する能力を鍛えていると、話を鵜呑みにして惑わされることなく、自分自身の判断をきちんと下すことができるようになります。

では、例題を挙げてみましょう。

（問題）以下の文章が「事実」か「意見」かを述べなさい。
・フィギュアスケートは面白い競技だ。…「意見」
・新宿駅は一日平均三三〇万人の乗降客があり、もっとも客の多い駅としてギネス認定されている。…「事実」
・四季に恵まれた日本の風景は世界一美しい。…「意見」

メディアや広告に溢れる嘘を見抜いて、うまく活用するために必要なのは、まさしくこの「事実」と「意見」を見分ける力なのです。

たとえば広告に、
「ビタミンCが豊富に含まれてお肌にとてもよい」
「お肌のシミを取る最良の方法です」
とあっても、

「豊富」や「最良」が主観的な「意見」だと分かれば、決して鵜呑みにすることはありません。

つまり、「豊富とはどのくらいなのか、その根拠を探そう」とデータを調べてみたり、「最良とは何と比べてか。比較できる化粧法とデータは広告上明示されているのか」という視点で、根拠を見定めることができるのです。

「意見」はあくまでそれ自体主観にすぎません。

たとえば、「うちの子どもは勉強ができる」と母親が自慢したとします。「勉強ができる」と言っても、学力の低い子どもの集団の中で、比較的勉強ができたのかもしれないし、全国レベルの高い学力があるのかもしれません。だから、「勉強ができる」はあくまで主観的な意見であって、それを裏付けるには、模擬試験の成績表を見せるとか、具体的な事実を持ち出さなければなりません。

こうした**意見と事実を明確に峻別するところに、クリティカルな思考が芽生えてくるのです。**

では、次の例題はどうでしょう。

（問題）
朝、弟のゆうじくんが「学校に行きたくない」とふさぎこんでいました。姉のみきちゃんが「どうしたの？」と聞くと、ゆうじくんは次のように話しだしました。

①ぼくはきのう、とんでもないことをしてしまった
②えんげき発表会で主役なのに、セリフを忘れて30秒も立ちつくしてしまったのだ
③どうしてこう、ぼくはツイていないんだ
④まるで凍りついたかのように、静まり返ったあの舞台の光景
⑤客席のみんなが笑っていたような気がする
⑥あまりにはずかしくて、もう学校になんか行けやしない
⑦ぼくの学校人生はもう終わりだ

ゆうじくんはだいぶ傷つきやすいようですね。おねえさんは、どうやって元気づけてあげたらいいでしょう。

◎最初の「①ぼくはきのう、とんでもないことをしてしまった」というのは、**意見**です。「とんでもないこと」かどうかなんて、だれが決めるのでしょう。ゆうじくんがそう思っているだけです。

「③どうしてこう、ぼくはツイていないんだ」は、どうでしょう。たしかに、ゆうじくんにはそう思えたかもしれませんが、別の人から見ると、特に運が悪いと思えないかもしれません。これも**意見**です。

「④まるで凍りついたかのように、静まり返ったあの舞台の光景」は**事実**です。

「⑤客席のみんなが笑っていたような気がする」は想像にすぎないので**意見**です。実際は④のように静まり返っているはずですから。

「⑥あまりにはずかしくて、もう学校になんか行けやしない」「⑦ぼくの学校人生はもう終わりだ」も**意見**です。なにを根拠に「終わる」と言えるのでしょうか。

このように、事実としてゆうじくんが受け止めるべきなのは②と④だけということになります。そんなに落ち込む必要はないのです。

では、「意見と事実」の峻別をもう少し例を挙げて説明しましょう。

「事実」と「意見」が同じ文中に混在しているので先ほどより判別が複雑になっていますが、実際に見かけるのはこのような混在文であることが多いので、**しっかりと「事実」と「意見」を峻別できるようになりましょう。**

> (例題)
> 「島の美しい海岸線、広大なサンゴ礁は素晴らしい観光資源だ。県はウミガメなど貴重な海洋生物の保護にも力を入れる」と○年○月○日付の◇◇新聞朝刊が報じている。

◎「島の美しい海岸線、広大なサンゴ礁は素晴らしい観光資源だ。県はウミガメなど貴重な海洋生物の保護にも力を入れている」は、「○年○月○日付の◇◇新聞朝刊」

に書いてある事実です。

記事の中では、「美しい」「素晴らしい」が「意見」になりますが、文全体は新聞に記載されている「事実」ということになります。

（例題）
「彼が犯人ではないかと思う」と、報道番組の取材に応じて町内会長がしゃべっていたのを見た、と私はＡ氏から聞いた。

「彼が犯人ではないかと思う」というのは、町内会長の意見です。けれども、Ａ氏から話を聞いた私にとって、「彼が犯人ではないかと思う」と、報道番組の取材に応じて町内会長がしゃべっていた」ことは「事実」になります。**これが「伝聞の事実」なのです。**

事実を客観的に書くことが報道の基本です。しかし、実際は同じ出来事を報じた記事でも、複数の新聞を見てみると、話題によっては記事の方向性が大きく異なることに気づくでしょう。これは、新聞社の考え方や記者の主観が報道にしばしば影響を与えているからなのです。

事実と意見を峻別するトレーニングに実際の新聞記事を使用することは、メディア・リテラシーの力を養うためにも非常に有用だと言えます。

今の子どもたちが、将来、メディア社会、ネット社会に投げ出されることが避けられない以上、子どもの頃からメディア・リテラシーを着実に身につけさせなければいけません。その子どもがよりよく生きるためであると同時に、健全で平和な社会を構築するためにも、それは不可欠な教育と言えるでしょう（もっともこうした教育がほとんどなされていないのが現状ですが）。

第6章　メディア・リテラシー・まとめ

私たちは情報社会の中に生きている。

様々な情報であふれかえっている。

（しかし）　↓

情報はいつでも正しいとは限らない。

↓

情報を正確に判断、分析する力が必要。

（そのためには）　↓

→意見と事実を明確に見分ける力を養成する。

意見・主張を客観的な事実やデータを示して論証して初めて価値のある情報となる。意見を主観的に発信したら論理性も説得力もない。

意見・主観→事実をもって論証→汎用性を持った意見（主張）

（たとえば）メディアや広告にある「うそ（事実ではない・事実を根拠に展開していない「意見」）」を見抜くことは情報化社会では大切な力。

（たとえば）報道記事にも、扱い方や展開のしかたなどに違いがみられる。複数の新聞の比較は有効な練習になる。

（とくに重要な問題には様々な捉え方がある）

↓

☞クリティカル・シンキングが
この社会を生き抜くカギになる。

第7章 ロジカル・ライティング

2020年からの「新テスト」では従来のマークセンス方式のテストとは別に本格的な記述式の試験が実施されます
実際に書かせることによってクリティカル・シンキングの力を見ることができます
マークセンス方式なら選択肢があるけど記述式だと難しそう
選択肢の問題なら当てずっぽうでも何とかなりますが
記述問題で得点できないのは問題文を理解していないからです
問題文を何となくではなく正しく理解し正しく記述できる論理力が重要です
記述式でもなんとかなるための対策はありますか
文章を主観を入れず論理的に読み論理的に整理し設問に対して論理的に答えればいいのです

小さな子どもにもできることがありますか
○×
A.
選択肢に頼らず考える習慣をつけることです答えを選ぶのでなく自分で書き上げるのです
有効な書き方を教えてください
文章で核になる主語と述語を明確に示すこと
何が・誰がどうした・どうなったかということですね
what
when
who
where
why
how
そして主語と述語の内容に飾りを付けますこれは字数制限に応じて書きます
最後に言葉のつながりに間違いがないか点検します
続きは本文で
では記述問題と作文の書き方を整理してみましょう

最後に子どもにどうやって「書き方」を教えたらいいのか、その方法について述べていきましょう。

書くといっても、記述式の答案を書く場合と、作文や小論文を書く場合とがあります。

42

記述力の養成

二〇二〇年、センター試験に変わって、新しい試験が施行されるのですが、従来通りのマークセンス方式の試験（ただし思考力を問うもの）とは別個に、本格的な記述式の試験が施行されます。

クリティカル・シンキングを試すにも、実際書かせてみることが最適なのです。だから、小学生の頃から、しっかりと記述力を養成しておかなければなりません。

しかし、高校生の中で、よく「マークセンス方式なら得点が取れるのに、記述式になるとさっぱり点が取れない」といった話を耳にします。これは大きな誤解です。

自分はそこそこ力があるのに、記述式の得点の仕方が分からないと本人は思い込んでいるのですが、その考えを訂正しない限り、記述力をアップさせることなどできません。

記述式問題が得点できないのは、問題文を理解していないからです。あるいは、**人に説明できるレベルで理解していない**ということです。

たとえば、あなたが問題文を読んで、何となくその内容をつかんだとしましょう。その何となくといった、漠然とした理解の仕方で、人に分かりやすく説明できるでしょうか。

ましてや、制限時間内に、限られた字数で文章化できるでしょうか。

人に説明しようとするならば、頭の中でそれが整理できていなければいけません。自分の頭の中で整理できていないことを、人に分かりやすく説明することなど不可能です。

しかし、選択肢があれば、そこそこ得点ができるのです。

実は「**分かっているけど、記述式になると得点ができない**」ではなく、「**分かっていないけど、選択肢があれば何とかなる**」の**間違い**だったのです。

人に説明できるレベルで、あるいは文章化できるレベルで分かっていれば、マークセンス方式であろうと、記述式問題であろうと、十分高得点は可能なのです。

では、どうすればいいのか？

文章を論理的に読み、それを頭の中で論理的に整理し、設問に対して論理的に答えればいいのです。

つまり、**記述式とは、論理の組み替えに他ならないのです**。それができていないから、何となく文中の言葉をつなげて、つぎはぎだらけのおかしな文章を書いてしまうのです。あるいは、筋の通っていない記述解を書いて、平然としているのです。

まずは子どもの頃から、選択肢に頼らない習慣を身につけさせましょう。本来、選択肢があるほうが不自然なのです。

そして、すでに説明したように、正確な一文を作成する訓練から始めるべきなのです。

・要点となる主語と述語を明確にします。

・言葉のつながりを意識し、次に飾りのついた一文を作成します。

このことは英文のＳＶ、ＳＶＯ、ＳＶＯＣなどと対応しているので、英語力をつけることにもなるのです。

記述式問題のほとんどが字数条件がつくので、要点と飾りとの峻別は必須のスキルです。字数条件に合わせて、飾りの部分を自在に削っていくことになるからです。

さらに助動詞・助詞も言葉の規則に従って使わなければなりません。そうやって、正確な一文を作成することで、生きた文法力も習得することができるのです。

実際、記述問題の解答のほとんどは、たった一文で作成します。それなのに、大抵の子ども、いや、大学受験生であっても、その一文さえ正確に書くことができないのです。

このあたりは『頭がよくなる漢字』では、言葉を日本語の規則に従って並べ替え、正確な一文を作成するのですが、そうした学習のしかたが大いに威力を発揮するでしょう。

43 エッセイ・ライティング

日本語の「エッセイ」は随筆のことを指し、自由な形式で作者の思いを綴った、文学的文章のことを言います。

日本の作文指導のほとんどが、この感想文、エッセイであって、まさに感じたことを、自由に、つまり思いつくがままに書けば、それで評価されるといったものです。

それに対して、英語の「essay」は、あるテーマに関しての、分析的、論理的な文章のことを指し、小論文に近いものだと言えます。たとえば、アメリカの小学校では、**基本的な型を学ばせ**、自由に書かせるのではなく、まずは**論理的な文章の模倣**から始めます。

日本の作文教育は、欧米以上に論理という形式を学ばせなければなりません。子どもは普段から欧米のような論理的教育を受けていません。どう書くべきかを教えずに、いくら思いつくままに自由に書かせても、書く技術が身につくわけではありません。それなのに、無理矢理書く機会を増やすと、大抵の子どもは作文が嫌いになってしまいます。

やはり欧米のエッセイ・ライティングのように、子どものうちからしっかりと**型を学んでいく**べきでしょう。

たとえば描写のスキルもそのひとつです。

- **地図を見て、どのように道案内をするのか。**
- **今見ている風景をどう描写するのか。**
- **ある特定の人物の風貌をどう描写するのか。**

全体を俯瞰した上で、次に細部を描写するとか、時間的順序で説明するとか、上から下へ、左から右へと描写するとか、そういった型を教えた上で、どうやれば分かりやすいのかを考えて文章を書いていきます。

日本では文学的な文章のイメージが強すぎたために、日常必要な分かりやすい話し方、分かりやすい書き方への指導が疎かになってしまったのです。

44 論理的な文章は他者意識が前提

では、子どもをどのように訓練すれば、論理的な文章を書くことができるようになるのでしょうか？

最も大切なことは、子どものうちから他者意識を抱かせることでした。

子どもは頭に思い浮かぶままに、言葉を発し、文章を書きます。しかし、それでは相手に伝わらないということを、絶えず教えていかなければなりません。たとえ家族でも別個の人間である限り、そう簡単には理解してくれないものです。

だから、筋道を立てて説明しなければならないのです。つまり、**論理という言葉の共通の規則を使って、初めて相手に正確に伝わる**のです。

特に、現代は手書きではなく、メールなど、デジタルデータとして文章を書く機会が圧倒的に多いので、**不特定多数の読み手に対して論理的に書く**ということを訓練しなければなりません。

そのためにも他者意識を絶えず抱かせることが必要なのです。

文と文との論理的関係を理解する練習を

一文を正確に作成するトレーニングを積んだ後、次には、文と文との論理的関係を理解する練習をしていきます。すでに説明したとおり、順接、逆接、イコールの関係、因果関係と理由付けなどですね。

どんな文章でも、一文が集まってでき上がっています。その一文と次の一文がまったく無関係ということはあり得ません（その場合は、話題の転換を示す**「さて」「ところで」**という記号が来ます）。

子どもはまとまった文章には拒絶反応を示すことが多いのですが、一文や、二文であれば、抵抗なく論理的に理解しようとします。もちろん、その前に「論理トーク」

で、論理の使い方に慣れていれば、よりスムーズに行くと思います。
その後、いよいよまとまった文章の作成です。
まずは数行の論理的文章を書かせましょう。

45

設計図を作成する

さて、いきなり文章を書かせるのではなく、**書くべき要点を図式化する**ことから始めましょう。

まず、話題を提示します。

何を書いていいのか、ぼんやりしていて分からないといった状況では、論理的な文章を書くことなどできません。**練習では、指導者が話題を提示してあげることが必要です。**

たとえば、**「遊び」**について書くとしましょう。

次に、「遊び」の対立関係を考えます。「仕事」あるいは、「勉強」です。

そして、対立関係を意識して、それぞれの特徴を列挙します。

小学校低学年ならば、次のような言葉が並ぶでしょう。

遊び：面白い　遊んでばかりいると怒られる　あっというまに時間が過ぎる
勉強：ためになる　ほめられる　やらなければならない　嫌いな科目がある

さらに、具体例を考えさせます。

遊び：テレビ　マンガ　ゲーム　おにごっこ
勉強：国語　算数　塾

最後に、「意見」と「具体例」、「理由付け」を考えます。

低学年の場合は、幼稚な「意見」で十分です。論理的に文章を書く訓練ですから、論理的であるかどうかに焦点を絞ってください。

ここで、どういう「意見」を考え出すのか、それによって論証の仕方が異なってきます。

○意見1　勉強は大切。
○理由　先生が、いっしょうけんめいに勉強しなさいといつも言っている。
○具体例　テストでいい点を取ったら、お母さんが喜んだ。

このように設計図ができたなら、いよいよまとまった文章を書いていきます。内容が幼稚でもかまいません。注意すべきは、次の三点です。

①論理が成り立っているのか。
この場合は「イコールの関係」と「理由付け」です。
②正しい一文を作成できているのか。
③接続語・理由の「から」などの使い方。

（作文例）

私は勉強は大切なことだと思います。**なぜなら**、いつも先生がいっしょうけんめい勉強しなさいといっているから**から**です。それに、テストでいい点を取ると、お母さんが喜びます。

次に**「対立関係」**を書く練習です。「遊び」の対義語は「勉強」です。ここでも設計図を作成した後、それを基に文章を書いていきましょう。

勉強：役に立つ　しなくてはならない
遊び：役に立たない　楽しい

このように二つを比較させ、思いついた語句を並べます。

（作文例）

遊びは楽しいし、気がついたら、あっというまに時間がたってしまいます。**だから**、いつもお母さんに早く勉強しなさいと怒られます。

それに対して、勉強は楽しくないです。特に嫌いな国語の時間はなかなか時間がたちません。**でも**、将来役に立つから、がんばろうと思います。

この場合も内容が幼稚であっても大丈夫です。ただ「遊び」と「勉強」とが対立関係になっているか、接続語の使い方はどうかをチェックしてください。

この文では、意見は逆接「でも」の後の「将来役に立つから、がんばろうと思います」となります。このように何が意見かをしっかりと意識させましょう。

同じ命題でも、様々な意見が考えられます。

たとえば、「遊び」の具体例を見て、考えさせます。

遊びの具体例：テレビ　マンガ　ゲーム　おにごっこ　サッカー

室内の遊び：テレビ　マンガ　ゲーム

室外の遊び：おにごっこ　サッカー

（作文例）

「遊び」にも色々あります。テレビ、マンガ、ゲームは家の中でする遊びです。ぼくはそれよりも、おにごっこやサッカーなど、家の外で遊ぶことが好きです。**なぜなら**、みんなといっしょに遊ぶことができるし、体を動かすことが楽しい**から**です。

この場合、「家の外で遊ぶことが好きです」が意見となります。具体例を対立関係で整理した時点で、かなり論理力がついてきています。具体例、「なぜなら〜から」と理由付けができていれば合格です。

46

ロジカル・ライティングの発展的学習

同じ「遊び」という命題を与えても、学年が上がるにつれ、内容も深くなり、文章も長くなっていきます。

たとえば、

・ゲーム　マンガ　　作られた商品をお金で買う
　↓受け身・想像力が育たない
・おにごっこ　自分たちで工夫して遊ぶ
　↓自分で考える　想像力が育つ

主張：子どもの間にあまりゲームばかりするのはよくない。

さらに年齢が上がり、中学生や高校生になると、物事をもっと深く捉えることができるようになります。それにしたがって、書くべき内容も、文章も高度になり、小論文作成に近いものとなっていきます。

たとえば、

遊び：現在性　自由　成果を求めない　人間性回復
具体例：音楽　芸術

勉強（仕事）：将来性　不自由　効率・成果　人間疎外
具体例：偏差値　売り上げ

意見：本来勉強は遊びだった。

（例）（テーマ）ギリシア時代　平安時代の後宮の文化

主張：（因果関係）だから、仕事となった勉強を本来の遊びに戻そう。
理由：遊びによって、人間性を回復する必要があるから。

設計図の例ですが、すでにかなり高度な内容になっています。それに従って、文体も文章の量も変わっていきます。

（作文例）

本来、学問や文学、芸術は遊びだった。古代ギリシア人にとって、働くのは奴隷の仕事であり、彼らは生涯遊んでいればよかった。学問や哲学など、一生遊ぼうとすれば、当然深い内容にならざるを得ない。日本でも平安時代の女房たちは歌や音楽など、遊びを深めていった。そこから様々な文学が生まれたのだ。本来遊びは自由であり、面白くなければそれを止めるか、別の遊びをすればいい。そこには生産性も効率も求められなかった。

それに対して、仕事はいかにものを生産したのか、利潤追求であり、合理性や効率が重視された。時には不本意なことを強制されることもあり、その意味では自由とは言えなかった。それは人間疎外につながることもあるので、私たちは時には遊びによって人間性を回復させる必要があったのだ。

本来遊びであった勉強が、今や仕事にすり変わってしまった。その結果、生涯楽しむべき勉強が強制に変わり、いかに偏差値を上げたか、いかにランクの高い学校に合格したのかと、生産性や効率を重視するようになった。そうやって、人間性を阻害された現代、私たちはもう一度遊びとしての勉強を取り戻すべきである。

ぜひ、子どもと向き合って実行してみてください。

第7章　ロジカル・ライティング・まとめ

2020年に大学入試改革。

記述式の「新テスト」が実施される。

（クリティカル・シンキングの力を「書く」ことで判定できる）

→記述力は小学生のうちから養成する必要がある。

（記述力の養成には）

まず、**問題文を明確に理解すること。**

（自分で理解・整理できていないことを他人には説明できない）

（そのためには、子どもの頃から記述式以外でも「選択肢」に頼らない習慣をつける。選択肢があればそこそこ得点できるという状況では、記述の力は育たない）

◎正確な一文を作成する訓練としての基本は、

①文の要点となる「主語」と「述語」を明確にする。

②言葉のつながりを意識し、飾りのついた文にする。

③字数条件に応じて「飾り」の部分を削る。

→（さらに、論理的な文章を書くためにすべきことは）

（最も大切なのは）**子どものうちから「他者意識」を抱かせること。**

（子どもは思い浮かぶままに文を書く。しかしこれでは言いたいことが伝わらないと、絶えず助言する。家族ですら理解できないことがあるのだから）

☞筋道を立てて（誰でも分かるように）説明することを教える。

◎そのためには、論理という一定の手順に従って書く練習を。

おわりに

小学生の勉強法を決めるのは、親の責任です。

時代が大きく変わる今だからこそ、親が新しい情報を入手し、適切な対策を講じなければいけません。

今の時代、どのような勉強をしたかで、子どもの人生が変わるのですから。

大切なのは、時代がこれからクリティカル・シンキングを必要としていることをしっかりと見据えた上で、子どものうちから論理的な思考を鍛えることです。

「話す」「読む」「書く」、そして「考える」、これらはすべて論理を習得することによって可能になります。論理的に話し、論理的に読み、論理的に書き、論理的に考えることができる子どもになるのです。

新テストなどで高得点を獲得すること、新しい時代を生き抜く力を持つこと、クリティカル・シンキングやメディア・リテラシーを身につけること、そして話す力と書く力を養成すること。実はこれらすべては「要点と飾り」「イコールの関係」「対立関係」「因果関係」といった単純な規則を使えば解決できることなのです。果して、そのことに気がつくかどうか。

本書がその一助となれば幸いです。

出口　汪

出口 汪（でぐち・ひろし）
関西学院大学大学院文学研究科博士課程修了。広島女学院大学客員教授、論理文章能力検定評議員、現代文講師として、入試問題を「論理」で読解するスタイルに先鞭をつけ、受験生から絶大なる支持を得る。そして、論理力を養成する画期的なプログラム「論理エンジン」を開発、多くの学校に採用されている。現在は受験界のみならず、大学・一般向けの講演や中学・高校教員の指導など、活動は多肢にわたり、教育界に次々と新機軸を打ち立てている。著書に『出口汪の「最強!」の記憶術』『出口汪の「最強！」の書く技術』『出口のシステム現代文』『子どもの頭がグンと良くなる！国語の力』『出口先生の頭がよくなる漢字』『芥川・太宰に学ぶ 心をつかむ文章講座』(以上、水王舎)、『日本語の練習問題』(サンマーク出版)、『出口汪の「日本の名作」が面白いほどわかる』(講談社)、『ビジネスマンのための国語力トレーニング』(日経文庫)、『源氏物語が面白いほどわかる本』(KADOKAWA)、『やりなおし高校国語・教科書で論理力・読解力を鍛える』(筑摩書房)など。

●公式ブログ
「一日生きることは、一日進歩することでありたい」
http://www.deguchi-hiroshi.com/blog/
●オフィシャルサイト
http://deguchi-hiroshi.com/
●ツイッター　@deguchihiroshi

国語が変わる
答えは「探す」から「創る」へ
わが子の学力を伸ばす方法

2016年4月10日　第一刷発行

著　者　出口　汪
発行者　出口　汪
発行所　株式会社 水王舎
〒160-0023
東京都新宿区西新宿6-15-1 ラ・トゥール新宿511
電話　03-5909-8920
装丁　福田和雄（FUKUDA DESIGN）
イラスト　中村直子
本文印刷　信毎書籍印刷
カバー印刷　歩プロセス
製本　ナショナル製本

落丁、乱丁本はお取り替えいたします。

ISBN978-4-86470-040-5 C0037

出口 汪の本

出口式 はじめての論理国語

小1レベル・小2レベル

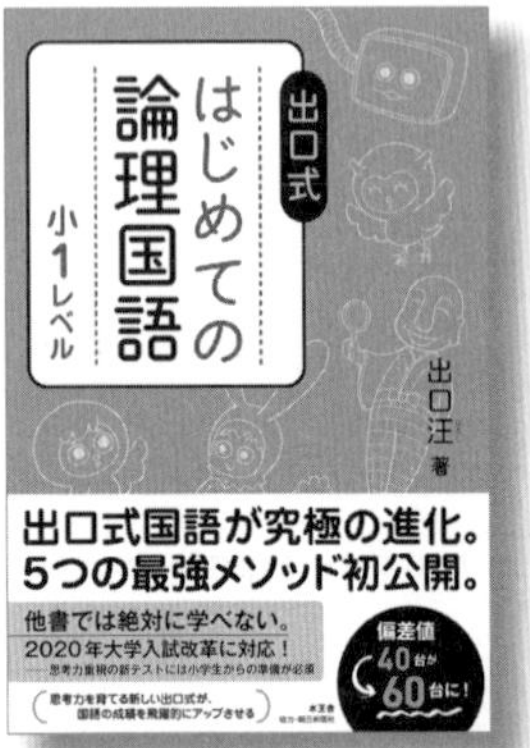

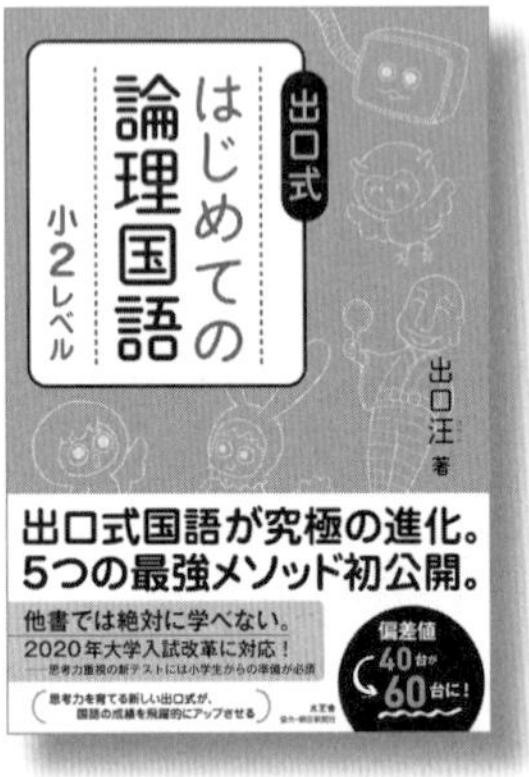

出口 汪・著

子どもにも「論理力」が学べる画期的なシリーズ登場！

2020年大学入試改革に対応。思考力重視の新テストには１年生から準備が必須！

思考力を育て、成績を飛躍的にアップさせる出口式国語の決定版！

〈本書の特徴〉

小学生でも「論理」が学べる！

1. ○△□で主語・目的語・述語、接続語を理解！
　＝⇔⇒で接続語をマスター
2. 一つの答えではなく最適解を導き出す力をつける！

定価（本体 1200 円＋税）ISBN978-4-86470-047-4（小 1 レベル）
ISBN978-4-86470-048-1（小 2 レベル）

出口 汪の本

子どもの頭がグンと良くなる!

国語の力

出口 汪・著

伸びない子どもなんて１人もいない!

子どもの将来は「国語力」によって決まります。

本書では子どもが「考える力」「話す力」「書く力」を身につける方法や、人生で役立つ「３つの理論」など、親子で一緒に学べる正しい学習方法をあますところなく掲載。

定価（本体 1300 円＋税）ISBN978-4-86470-022-1